A Study
of Living
Space
in Beautiful
Landscape

Ohmsha

美しい風景の中の住まい学

中山繁信［著］

第一章 街並みは美しくなければならない

第二章 快適な環境をつくるには

ブータン・ポブジカ谷

フィッシャー邸の外観

第三章　風土が育む住まいのスタイル

第四章　住むことは凛と生きること

台湾・卑南の高床住居

石を削り、作業する石工たち

はじめに

人生は健やかに有意義に送りたいと思う。愛する人と過ごすことも、家族との団らんも、異国の地を旅することも、すべて私たちに充実した人生を与えてくれるに違いない。

—

その中でも、家族と過ごす住まいのあり方はとても大切である。住まいは利便性や合理性だけで測れない重要な役割を持っている。家族の絆を紡ぐ場所であり、子供を安全に養育する場でもある。また、生活は家の中だけではなく、周囲の環境の大切さも忘れてはならない。近隣の人たちと交流を深め、健全なコミュニティをつくることに積極的に参加することも、社会の中の一員としての重要な責務である。

快適な住まいを求めようとするならば、一戸の住宅の間取りや敷地の中だけを考えるのではなく、その住まいを取り巻く住環境が美しく豊かでなければならない。いいかえれば、住宅一戸だけを快適にしても、周囲の環境が悪ければ、決して住み心地はよくならないということである。

―

この書によって、読者の方々に広い視野と美意識によって、私たちの住環境を考えていただければ、幸いである。

Chapter 1

第一章

街並みは美しくなければならない

1-1

美しさについて

自然と人間の創作物との調和美

本書の中で「美しい」と述べているのは、主に「住環境の景観」に対する美を指している。

その他、景観ばかりでなく、世の中には美しいものは無数に存在する。それら美に対する感性も人それぞれであるが、自然の景色のように誰もが美しいと感じる普遍的な美もある。ただ忘れてはならないのは、たとえ美しいものが存在しても、それを感じ取る感性がなければ、その美は存在しないのと同じである。美を感じ取る繊細な感性があれば、美はどこにでも見出すことができるし、つくり出すことも可能なのである。前書きが長くなったが、ここで仮に美を大まかに三つに分けてみよう。

一つめは「自然のつくったもの」。二つめは「人間がつくった人工美」。そして三つめは、「自然と人間とがつくりあげた調和の美」である。

一つめの「自然がつくった造形美」については、余分な説明は必要ないだろう。自然そのも

fig.1-1 | 里山の風景

のがすべて美しい存在であるといえる。自然は美の創造者であり、最高の芸術家であるといえるだろう。もし、自然の中に醜いものが存在したならば、それは人間が何らかの形で介在している場合が多い。しかし一面、人間は美をつくり出す優れた能力を持っている。これまで人間が創造した美しいものは多々存在するが、その中で絵画や彫刻、建築などは典型的な「芸術美」といってよいだろう。もちろんその他に工業製品の中にも多くの機能美を持った製品があることはいうまでもない。

そして、三つめの「自然と人間の創作物との調和美」である。これは本書の主題となる「景観美」であるが、主に住宅地や共同体などの景観の美しさに絞って話を進めてみたい。「景観美」は道路や建物、それを取り巻く周囲の建物と自然環境がうまく調和している状態をいう。具体的には、道路には街路樹が植樹され、家々の前庭の美しい芝生に囲われた住環境をイメージするとわかりやすい。ただこれらの住宅地は美しいだけでなく、健康的で安全に生活できなければならず、しかも、地域の共同体が良好な関わりを持っていなければならない。それは近隣住民が日常的に気軽に声を掛け合い、近隣一帯を快適に維持しようとする意識があって、はじめて良好な住宅地としての条件が満たされる。

自然と集村のバランス

そうした中で、「里山」といわれるような、自然と集村とが絶妙のバランスで融和している地域が美しい景観美を形成している[fig.1-1]。里山とは、人間の住む領域と自然界の動物などが住む地域を共有する領域をいう。人間が自然界から受ける恩恵と、人間が自然界に貢献できる度合いがうまくバランスしていなければならない。山林の落ち葉や下草は人間のための燃料や肥料になり、それによって、山林は荒れることなく環境が保持されていく。田畑にはさまざまな昆虫や魚、小動物たちが生育し、それを求めて鳥などが集まり、田畑の害虫を駆除してくれるなどの相互の関係によって、環境がバランスしているのである。

また世界各地には、その土地ならではの風土や地形を生かした美しい集落や都市が存在している[fig.1-2]。それらの都市や街は、長い時の流れの中で自然の摂理にしたがい、それにほんの少し人間が手を加えてできあがったものである。

イタリアの摩天楼といわれる街

人間は悲しい出来事や物語に出会えば、涙する。それと同様に、美しい景色に出会ったときにも涙が出るものなのである。こうした美しい景

fig.1-2｜フランスの農村風景

fig.1-3 | イタリア・サン・ジミニアーノ遠景

色に出会った人は幸せである。私は30代の頃、イタリアを旅した。

イタリア中部の丘の上に美しい街があると聞いて車を走らせたが、道に迷ってしまった。時間が過ぎ夕闇が迫る頃、遠方にその目的とする街のシルエットが眼に入った[fig.1-3]。安堵の気持ちが加わったこともあっただろうが、その美しさに涙が溢れて仕方がなかった。そのとき、涙は悲しみだけでなく、美しいものを見たときにも人間は強く心を打ち涙することを知った。

その街の名は「サン・ジミニアーノ」という[fig.1-4,5]。中世期には数多くの塔が林立する街であったが、現在は十数本に減った。世界遺産に登録されている通り、小さいながらも美しい街である。私のスケッチブックにサン・ジミニアーノの絵が多いのは、この街に心を動かすものがたくさんあるからである。

街の起源は自然の地形を生かした城塞都市である。自然発生的に成立した集村が、都市国家へと発展したものである。路地と広場が

fig.1-4 | サン・ジミニアーノの城門

fig.1-5 ｜サン・ジミニアーノのチステルナ広場

巧みに配置され、街を歩くと、路地の閉塞感と広場へ出たときの解放感の対比的な感覚が歩く人に高揚感を与える[fig.1-6]。どこを見ても平行線や直角に曲がる道はない。また路地も広場も水平ではない。曲がりくねった路地は迷路のようだが、時折わずかな空間からのぞき見える塔が自分の位置を知らせてくれる。現在の交通優先の街区割の道では、決して味わえない期待と驚きが交錯する、魅力に溢れた空間である。

スローライフな生き方

城門をくぐり抜けホテルを探したが満室であったため、街から少し離れている小さなホテルを紹介してもらった。暗闇の葡萄畑の中にポツン立っている農家は、とてもホテルには見えなかった。おそるおそるドアを開けると、別世界がそこにあった。狭いが趣味のよいロビーがあり、ベルを鳴らすと宿主の女性が応対に出た。不安でいっぱいだったが、彼女の笑顔が何よりの癒しであった。

翌朝、葡萄畑の先に、サン・ジミニアーノの街のシルエットが浮かび上がっていた[fig.1-7]。

fig.1-6｜サン・ジミニアーノの地図

fig.1-7｜ホテルの窓から見たサン・ジミニアーノのシルエット

昨日見た景色とはまた違った感慨を覚えた。改めてホテルを見てみると、インテリアは白い漆喰の壁にグリーンの扉。ベッドカバーもモスグリーン。部屋やロビーの壁にはこの地方の農具を描いたクロッキーがかけられていた。客室は4室、宿泊客は私と老人が一人。枯葉になった葡萄畑の背景に、サン・ジミニアーノの街を見ながらの朝食はいまでも脳裏から離れない。

宿主の女性に話を聞いてみると、古い農家を買い求め、それを画家の夫とホテルに改装したという。ホテルは絵を描くための副業。二人とも畑仕事が好きで、この農家と葡萄畑を手に入れたという。こうした美しい景色に浸りながら気ままに暮らしている人たちがいることを、このときはじめて知った。「スローライフ」などという言葉が生まれていなかった30年以上も前の時代である。そして、生活が便利でなくとも、街の道が狭くても美しい自然と、歴史があれば誇りを持って幸せに暮らせることを思い知らされた。

山岳都市
チビタ・ディ・バーニョレッジィヨ

もう一つ、イタリアの中世都市「チビタ・ディ・バーニョレッジィヨ」は、急峻な山の上につくられた街である[fig.1-8,9]。南北約190メートル、東西約80メートルの小さな街だが、その上からの眺望は素晴らしい。しかし、反面日常生活は不便極まりない。こうしたイタリアの都市国家の生成は、中世期の都市国家間の争いの最中、生きるか死ぬかの厳しい状況下で形づくられてきた。

近年、チビタ・ディ・バーニョレッジィヨは、他の都市と同様、若い人々が都会へと流れて過疎化が進み、多くの家が空き家になってしまっていた。そこへ眼をつけたのが若い芸術家たちであった。彼らはそこを拠点にして芸術活動を行っている。

私がこの街に訪ねたときも、人気のない路地の一角のワインの倉庫を改装した、小さなバールがあった。一人の女性がいつ来るかもしれない客を待ちながら静かに読書をしていた。

fig.1-8
イタリア・チビタ・ディ・バーニョレッジィヨの路地からの展望

彼女に話を聞いてみると、「読書が好きで、都会の慌ただしい生活が合わず、絵描きの彼と3年前に引っ越してきた」という。さらに、「生活は決して便利ではないけれど、この景色と美しい街に住んでいるのが何にも代えがたい」という。

彼らがこの地に眼をつけたのは家賃が安いことが主な理由だが、それにもまして「街が美しい」からである。

街が美しいから住む。果たして、いまの私たちにこの価値観はあるだろうか。

fig.1-9｜チビタ・ディ・バーニョレッジィヨ遠景

1-2

美しい街の条件とつくり方

美しい街に住みたい

なぜ、私たちの住む街は美しくなければならないのだろうか。

何事も醜いよりは美しい方がいいのだが、私たちが住んでいる街を見渡してみると、とりわけ美しいとはいえないまでも、醜くすぎるというほどでもないように思う。しかも、生活する上で最低限のインフラは整備され、近くにスーパーやコンビニもあって、特別不便を感じてはいない。たとえ、醜い電線や通信ケーブルなどが空の視界を遮ろうが、慣れてしまえば気にならない。勝手気ままに建てられた家屋やビルは、たとえ醜くても、それは個人の自由だ。美しくても不便な街

fig.1-10 | イタリア・アルベロベッロの家並み

fig.1-11｜アルベロベッロのトゥルッリの断面図

には住みたくない。おそらくほとんどの人はそう思っているに違いない。しかし、それだけでは少し物足りないから、少し意識を高く持ちたいと思う。

南イタリアの世界遺産の街「アルベロベッロ」は、とんがり屋根のユニークな形の家々が建ち並んでいる街としてよく知られている[fig.1-10,11]。街の中を歩いていると、中年の女性が家の中を見せてくれた。彼女はドイツ人であったが、彼女も「このような美しい街に住みたい」と思い続け、やっと念願が叶ったという。そして、「この街の美しさが財産である」という。

美しい街はどのようにつくられてきたのか

西欧の美しい街もはじめから存在していたのではない。中世期には、美しいどころか衛生面でも好ましい環境ではなかった。周知の通り、ベルサイユ宮殿でさえトイレがなかったのだから、パリの市街や家々には満足なトイレなどなかった。またロンドンの市中でも、窓から排せつ物を道に投げ捨てる習慣があって、それが伝染病を蔓延する原因にもなった。

こうした住民の生活慣習が長く続いた場合、住民たちの意識をすぐに改めるのは容易いことではない。インフラの整備と住民たちの忍耐強い意識改革によって、街の住環境は改善されてきた。そして、街のインフラや建築の形だけが整備されるばかりでなく、そこに住む人たちもそれらの規律を正し、生活をしていく意識を持たなければならない。そして年月を積み重ねることによって、生活の中の悪しき風習や街の不衛生な場所が少しずつ整備され、それが生活に根づいていくことによって伝統や文化が育まれ、美しい街になっていくのである。

だから私たちの街も、いまは「未完成な街、または可能性のある街」と考えればよいのである。それを強く意識し求め続ければ、将来、子孫に美しい環境を残すことができるだろう。

美しい景観や街並みを感じ取る感性は人それぞれであるから、「住みたい」と思う街も、「美しい」と感じる街も、人によって異なるに違いない。たとえば、美しいものを理解・判別できないならば、「美しいといわれる街」をたくさん見て歩くことが必要である。私が学生の頃、絵画の善し悪しが見分けられないならば、「美術館へ行ってたくさんいい絵を見て来なさい」と、よくいわれたものである。その教育方法と同じである。

旅は買い物や食事だけをするために行くのではなく、新しい世界観や異国の価値観に触れるために行ってほしい。旅は楽しむものでもあるが、それ以上に、多くの異なる地域の伝統や文化に出会い、それらを理解し、見識を広めるためのものである。

美しい街の条件

「美しい」といわれる街と現在の私たちの住む街の、どこがどのように違うのかを比べてみるのもよいかもしれない。もちろん、お国柄も地域性も違うし、気候風土や生活風習も異なるから、一概に一つの価値観でくくることはできないが、美しい街がどんなに素晴らしいかを感じ取ってほしい。

「美しい街」とは一般的にどのような街なのかを具体的に考えてみようと思う。いえることは、自然のなしえた造形は「人間の造形物より必ず美しい」。また、原則として人間の造形物は自然の造形を上回るケースは少ないが、人間がつくった造形物も「人間の知恵と汗が集積されたものは美しい」。最近、多くのメディアや旅行書で世界各地の「美しい街」や「住みたい街」が紹介され、目に触れる

fig.1-12｜ノルウェー・ベルゲン

機会が多くなった。そうした街を分析してみれば、人々が感じる「美しい街、住みたい街」とはどのようなものであるかが、おぼろげながらわかってくるに違いない。すると、おおよそ、次のような共通項が浮かび上がってくる。

1 —— 形態的に統一されている

美しい街として知られているところは、何か共通しているものを読み取れる。その一つは、同じような形態の家々が整然と建ち並んで、規律性とリズムを感じさせることである[fig.1-12_16]。そうした街並みが成立した経緯を見ると、必ず必然性のある理由を持っている。

それは、その地域の気候と生活、そしてその土地で産出する

fig.1-14 | イタリア・サンタンジェロ

fig.1-13 | デンマーク・コペンハーゲン

建築材料によって、「長い歴史の中で培われてきた建築と集落の形である」ということ。そうした無駄や贅が削ぎ落されてきた形態は、一つの様式として人々に感銘を与えるのである。

現在、同じようなデザインの建物が並んだ住環境はわが国でも多く見ることができる。分譲建て売り住宅群である。これを私たちは美しい街と感じないのは、どうしてだろうか。たしかに建て売り住宅群を見ると、形態的に統一された建物が並んでいる。それは、同じような建物が並んでいるという根拠に大きな違いがあるように思う。

美しい街の建物は、風土に合った形態と歴史で培われた技術や材料によって、さまざまな紆余曲折を経て、一つの形に収斂されてきた究極の様式である。一方、分譲地でも共同住宅でも、建て売り住宅

fig.1-16｜合掌造りの白川郷

fig.1-15｜サンタンジェロ遠景

は同じようなものを量産することによって、安定した製品が安く販売できるという理由でできた景観である。

その地域の風土に根差し、長い時の中で磨かれてきた建築と、マスプロダクションとして工業製品化された建物とを比較すると、それが生み出された生成の意図がまったく違っている。地域の生活や土地に根差したものがないため、安価にするために画一的で規格化された意図が建物に表われるために、表層的な印象を与えるのかもしれない。

2——色彩的に統一されている

同じような形の家々が整然と並んでいる街並みも美しいが、家々の形がそれぞれ違っていてもユニークで美しい街がある。それは建築がさまざまな形であっても、「色彩が統一された街並み」は美しい。

たとえば、ギリシャの「ミコノス島」「サントリーニ島」の街がそのよい例である[fig.1-17,18]。街全体が石灰で白く塗り包まれている。エメラルドブルーの地中海の色と澄み切った青空、それらと白く塗り込められた建物群のコントラストは何物にも代えがたい美しさだ。この街の狭く複雑に曲がった路地や雑然と見える建物群は、

fig.1-17 | ギリシャ・ミコノス島

むしろその複雑さゆえに、白い壁が多様な影を落とす。そして日射しは白壁に乱反射して、狭い路地の隅々まで光が送り込まれる。

家の扉や窓にブルー、グリーン、ブラウンなどの色がつけられている。このさまざまな色

fig.1-18｜ギリシャ・サントリーニ島

fig.1-19｜イタリア・シエナのカンポ広場

は好き勝手に塗られているのではない。複雑に積み上がっている建物群は一戸一戸が独立していない。どれが自分の家か判別できるように、各自の家の扉と窓をホームカラーで彩るのである。そうした小さな約束事が、雑然そうに見える集落形態の中に一定の秩序を与えているのである。

また、絵の具で「バーント（「焦がした」という意）シエナ」と呼ばれている焦げ茶色は、イタリアの「シエナ」の街の色から生まれた。イタリア中部のトスカナ地方の街は、シエナと同様に街全体が茶色で彩られている[fig.1-19_21]。これは、この地で採れる土でつくられたレンガや瓦の色である。いわば、「アースカラー（人工着色されていない地域独自の色彩）」である。

「アースカラー」は、１００パーセントその地域で産出する自然物でつくり出された色彩であるから、人工の建物も自然の中に溶け込んで、美しい景観をつくり出す。当然、生態的にも地球環境にも悪い影響を及ぼすことのない、理想的な色彩である。しかし、例外的に建物の形態も色彩もまちまちであるにもかかわらず、ユニークな景観をつくり出している街がある。

その典型的な街として、ヴェニスの「ブラーノ島」はよく知られているが、ポルトガルの「アヴェイロ」という漁村の古い街並みは原色の縞模様に塗られ、美しい景観を形づくっ

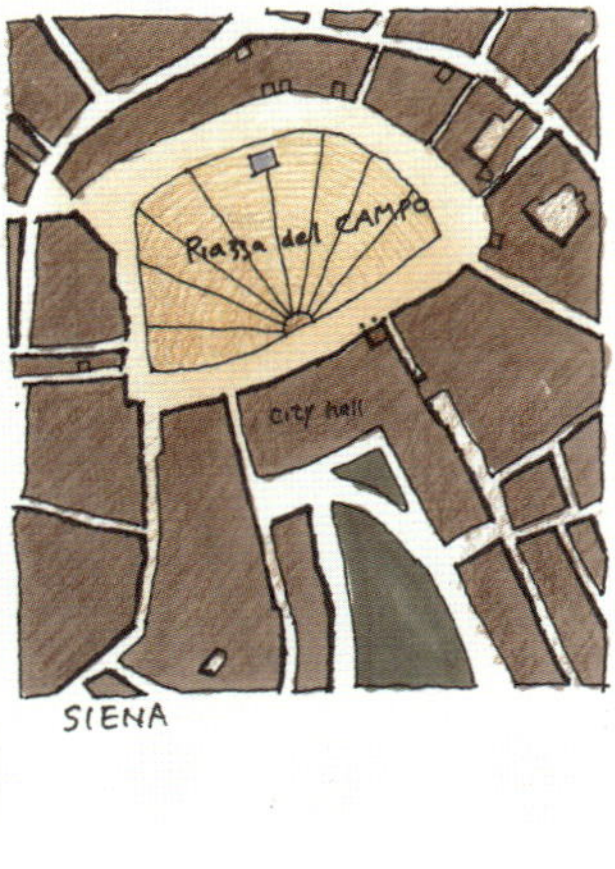

fig.1-20｜カンポ広場付近の地図

ている[fig.1-22,23]。

またカリブ海のオランダ領キュラソーの首都である「ウィレムスタッド」は、建物の形も色彩のバラバラだが、世界遺産に登録されるほどユニークで美しい景観である[fig.1-24]。イタリア西海岸の「チンクエテッレ」は、急峻な海岸沿いに築かれた村は形も色彩もまちまちだが、窓の色だけがグリーンに決められている。その規律はわずかだが、景観に統一性を与えている。

こうした街はほとんどが港町だ。それは漁から帰る漁夫たちが「わが家を一時でも早く識別できるように、家に船と同じ色を塗ったのがはじまり」だという。家族も同じ気持ちで船の帰りを待ったであろう。そのようにして、代々引き継がれてきたホー

fig.1-21 ｜ イタリア・ピエトラ・セッカ

fig.1-23｜ポルトガル・アヴェイロの漁師の家

ムカラーは、家族の意識を一つにするものでもあった。

　このように、家をできるだけ目立つように塗らなければならない根拠があり、それが歴史の中で熟成され、現在の風景ができたのである。そうした生成の必然性が、私たちの心を打つのである。

3——材質が統一されている

形態や色彩のみならず、材質が統一された街も美しい。わが国も約半世紀前には瓦屋根が街一面を埋め尽くした美しい風景が存在していた。「こいのぼり」という唱歌を思い出してほしい。こいのぼりが「甍の波」を泳ぐさまを唄った歌である。各家々の「瓦屋根が波のようであった」という。

　徳島県の「脇町」は伝統的建築群に指定されているが、江戸期から藍染の原材料を扱って栄えた街である[fig.1-25]。いぶし銀に輝く瓦屋根とウ

fig.1-22｜イタリア・ヴェニス・ブラーノ島

fig.1-24｜オランダ自治領・キュラソー・ウィレムスタッド

fig.1-25 | 徳島県・脇町

ダツを持った、漆喰の壁で統一された町並みである。

ヨーロッパの多くの街の屋根は、同じ形と色の瓦で葺かれている[fig.1-26]。その地域で産出する材で建築をつくることは、地域の産業の活性化と職能の存続という効果を生み、同一材で建築をつくることによって、建築技術が向上し安価で性能のよい建築が住民たちに提供できる[fig.1-27]。そして、同じ様式の家に住むことによって、共同体意識が育まれるという一石二鳥の効果が期待できる。

クロアチアにある世界遺産「ドブロブニク」は、1990年代初めに起きた紛争によって1991年から1992年まで砲撃を受け、街は大きな被害を受けた。そのとき世界危機遺産に指定されたほどであった。市民は、紛争が終わった後の破壊された街を、世界中の人々の支援を受けて見事に再建した[fig.1-28]。新しい瓦は太陽を受けるとオレンジ色に輝く。古い瓦もさらに味わい深く見える。これも同じ色の瓦が醸し出す「甍の波」の美

fig.1-27 | アメリカ・サンタフェの土の家

fig.1-26 | イタリアの小さな街

fig.1-28 ｜クロアチア・ドブロブニクの屋根のエリアカラー

fig.1-29｜フランス・コランジュ・ラ・ルージュ村

しい風景である。

フランスの「コランジュ・ラ・ルージュ村」は、赤い砂岩でつくられた建物の村である[fig.1-29]。かつては石の上に左官がされていたが、村が過疎化すると、その左官も剥げ落ち醜い姿をさらしていた。「なんとか村を再建しなければならない」と考えた村長が、すべての建物の左官を剥ぎ取り、赤い砂岩のままの村にした。そして現在では、「フランスで一番美しい村」として多くの観光客を集めている。

4 ── 緑化率が高い

私たちは植物の存在なしでは生きていけない。地球

fig.1-30｜緑化率の高い住宅地

fig.1-31｜アメリカ・ロサンゼルスのマービスタの住宅

環境的にも生物学的にも、さらに住環境としても「緑」は欠かすことができない重要な要素である。快適な住環境や住みたいと思う街は例外なく緑化率が高い[fig.1-30]。

良好な環境の住宅地は街路樹や宅地の庭木が豊かだ。広い敷地と広い庭園、そして美しい並木道が欠かせない。しかしプールや広い庭園がなくとも、よく手入れされた樹木や草花で包まれていれば、それは素晴らしい快適な住宅地である。できれば、建物と緑地が適度に混ざり合う状態が、理想的な街の姿である。

5――質の高い建築がある

先ほど述べたように、同じような形の家々がただ建ち並べば美しい街並みになるとは限らない。ただ安い家を供給するために量産して建てられているだけでは、美しく感じない。

しかし、ロサンゼルスの「マービスタ」の住宅地では、建て売りにもかかわらず、機能的にも景観的にも質のよい住宅がつくられたため、憧れの住宅地となっている[fig.1-31]。個人がそれぞれの価値観で家を建てるよりも、ディベロッパーがしっかりしたコンセプトによって開発された建て売り住宅なら、良好な住宅地をつくることができる。

6——規制や規約がある

私たちの住む街や都市には、さまざまな規制や法律の網がかかっている。都市計画法や建築基準法ばかりでなく条例や建築協定など、狭い地域内で良質な環境をつくり、守っていくために独自の規制をかけている。規制があれば個人のわがままな行為が許されない。しかし、これらは、好き勝手なことができないという理由で敬遠されがちである。

誰でも自由気ままに好きなことができることは、反対に雑多で無秩序な景観になってしまう危険性をはらんでいる。むしろ、規制の枠がはめられた方が、周囲の環境を守っていくためには好都合な場合が多い。現在、世界遺産に指定されているようなヨーロッパの美しい街の場合、古く中世期には、街を美しくするためにさまざまな規制が存在していた。また現在でも、美しくかつ快適な住環境には、例外なくそのような規制がかけられている。規制は住環境守っていくための必要不可欠な条件の一つなのである。

田園調布はいかにして生まれたか

日本各地に良好な環境の住宅地といわれる地域がある。それらの多くは、自然にできあがったのではなく、住民たちが時間と手間をかけてつくりあげてきた努力の賜物なのである。快適で美しい住環境にただ憧れるだけでなく、私たちも、そのような環境をつくる努力を丹念に積み上げてゆけば、私たちの住宅地もすばらしい住環境になるに違いない。

たとえば、「田園都市構想」を提案したハワードに倣い、渋沢栄一は田園都市構想を計画実行した。それに際して、たった四つの約束事を住民たちが守り続けた。その四つの約束事とは、

一――塀は生け垣にする。
二――建物は瀟洒なものでなければならない。
三――高い建物を建ててはならない。
四――敷地いっぱいに建物を建ててはいけない。

こうして、優れた住宅地の代名詞となっている田園調布の町はつくられてきたのである[fig.1-32]。

fig.1-32｜田園調布

美しい住環境は財産

次のような話を耳にしたことがある。

街並みは美しいに越したことはないが、美しくしても他人を喜ばすだけで、何の得があるのか。「自分の家の中や敷地を手入れするだけで精一杯」「道路の街路樹などの木々が多いと落ち葉が庭先に飛んできて掃除が大変」「街並みの管理や維持は役所に任せておけばいい」など、わが家の庭や家ならともかく、「道に向けた塀などに手をかけても無意味だし、樹木の手入れは大変だ」と考えている人は少なくない。しかし「美しい住環境」をつくるには、そのような環境に身を置くことによって、喜びや心地よさを感じる人たちが協力し合わなければ、実現することはできない。

誰でも、「美しい住環境」を歩いてみれば、このような街に住みたいと思う。高い緑地率は健康的な環境を育み、そうした街に住んでいるという誇りが持てるという付加価値も生まれる。それらは、金銭に換えられない貴重な財産である[fig.1-33]。私は美しいといわれている街を旅して、そのような声を幾度となく聞いた。また、そうした「美しい環境」を子孫に残しておいてあげたいと思う。美しい住環境は、将来のために残すべき、私たちのかけがえのない遺産であることを自覚してほしい。

fig.1-33 | 美しく快適な住環境

1-3 ●「家」と「庭」があって「家庭」ができる

庭は周辺の住環境を生成する領域

「家」と「庭」という文字が合わさって「家庭」という言葉ができる。

「家族」という語彙もあるが、これは両親、兄弟、子供という血縁の結びつきで構成された一つの最小共同体を表している。家庭とは血縁関係よりは、家族の生活実態や住空間を含めた広い意味を持っているようだ。いいかえれば、家庭は住まいという空間ばかりでなく、そこで営まれている生活や近隣との関係など、すべてを含んだ言葉である。

「家庭」の「家」は住まいそのものを指すが、「庭」は芝生を植え、池や石を置いた個人的な庭園だけを指すのではない。それは周辺の住環境を生成する領域をも含んでいる。だから、ここでいう「庭」とはプライベートなスペースにもかかわらず、周囲の住環境を形成する半公共的な意味と役割を持つ空間である。もちろん、「家」そのものは私的なものであるが、この「庭」の部分をどのように解釈するかで、住環境の善し悪しの運命が決まる。

その解釈とはもちろん、私有地に家を建てる場合、家の形態も庭のデザインも、「法規制をクリアすれば個人の自由である」と考えるか、または私有地といえども「住環境をよくするために周囲の環境に配慮しなければならない」と考えるかの違いである。

前者の場合の住環境は景観としても、共同体としても好ましい結果を得られないように思うから、後者のケースであってほしい。家の中だけでなく、庭や道路などの周囲の環境や近隣の人々に気を配ってもらえれば、安全で良好なコミュニティが形成され、美しい住環境が形成されるに違いない。なぜなら、自分の敷地内をどうするかという個人的な考え方だけでつくられた住宅地は、単なる個人のわがままな住宅の集合になってしまいがちだ。一方、住人の意識が家の外や道路、そして敷地との関係まで及べば、その領域はパブリックとプライベートスペースのほどよい交流が生まれ、住みやすい共同体になる可能性を多く残している。

「敷地と敷地」「敷地と道路」、そして「家と敷地」の関係を豊かなものにできるかが重要なのである。環境への配慮が敷地内だけでなく、敷地を超えて周辺に行き渡れば、美しい景観をつくることも良好な隣人関係を築くことも、そう難しくはない。

庭の取り持つ縁、世界で一番美しい村

たとえ塀や垣根を取り払ったとしても、必ずしもコミュニティが自生し、育まれるものではない。何らかの人間関係を紡ぐ必然性が必要なのである。それは庭を美しく草花で飾ることでもよい。芝生の手入れや庭で食事を楽しむことでもよい。また、庭で子供と遊ぶのも、ゴルフのスイングをするのもよい。「家」での生活は家族の絆を築くものだが、「庭」での生活は近隣の住民との交流の機会をつくるのである。近隣住民が私有地と公有地を一体化、意識化されることが重要なのである。そうすれば地域住民との関係を築き、人々の生活の気配を感じられる街を形成する基盤となる。

一人の住民の具体的な行動として、庭の草花や芝生の手入れをすることがもっとも効果があるように思う。庭を手入れしているときは通りがかりの人と接する機会が持てるし、草花が咲けば、そこを通る人々を楽しませることができる。手入れが行き届き、美しい花が咲き誇る庭を見れば、そこの住民の心の優しさと豊かさを感じられる。これは、人と人との直接的な交流ではなく、花を介しての心のコミュニケーションである。塀の中だけのそうした趣味は、手入れをするときも、美しい花が咲き誇ったときも、家族だけのもの

fig.1-34 ｜イギリス・コッツウオルズ

fig.1-35｜コッツウオルズの農家

にとどまってしまい、社会的意義を持たない。

イギリスのコッツウオルズは「世界一美しい村」といわれている[fig.1-34_36]。

古い家並みと自然が適度に融合した美しい村である。コッツウオルズでは、自分の庭を一般の人々に開放して楽しんでもらう風習がある。その解放する庭も厳正な審査を通過しなければ、公開できない。そのために、美しい庭づくりに余生をかけている住民さえいるという。

庭を開放することによって、近隣ばかりでなく、庭に興味のある人たちとも交流ができ、地域のコミュニティだけでなく別のネットワークができる。

私たちも日常的に人々に開放できる庭ができるなら、「世界で一番美しく暮らしやすい街」をつくることも不可能ではない。

fig.1-36｜コッツウオルズの街並み

1-4

私たちでもつくれそうな良好な住宅地「サウスヤラ」

世界一暮らしやすい街メルボルン・サウスヤラ

先日、娘がオーストラリアで1年間のワーキングホリデーが終えるため、その機会を利用して、はじめて赤道を越えて南半球を旅してきた。メルボルンの中心地から少し離れたところに「サウスヤラ」という高級住宅地があると聞いて、脚を伸ばしてみた。メルボルンは、最近のある調査により世界で一番暮らしやすい街として知られるようになった。

その住宅地は、サウスヤラ駅前の少し洒落た店が並ぶメインストリートから横道を一歩入ったところにあり、緩い傾斜地に整然と区画割りされた閑静な住宅地が広がっている。並木のある道路が縦横に走り、緑の多い健康的な街並み。家はさまざまな様式だが、生け垣と庭の植え込みが通りの前面に出てきていて、ほどよく緑で隠されている。街並みの景観の主役は、通りの街路樹と生け垣や庭の植え込みである。

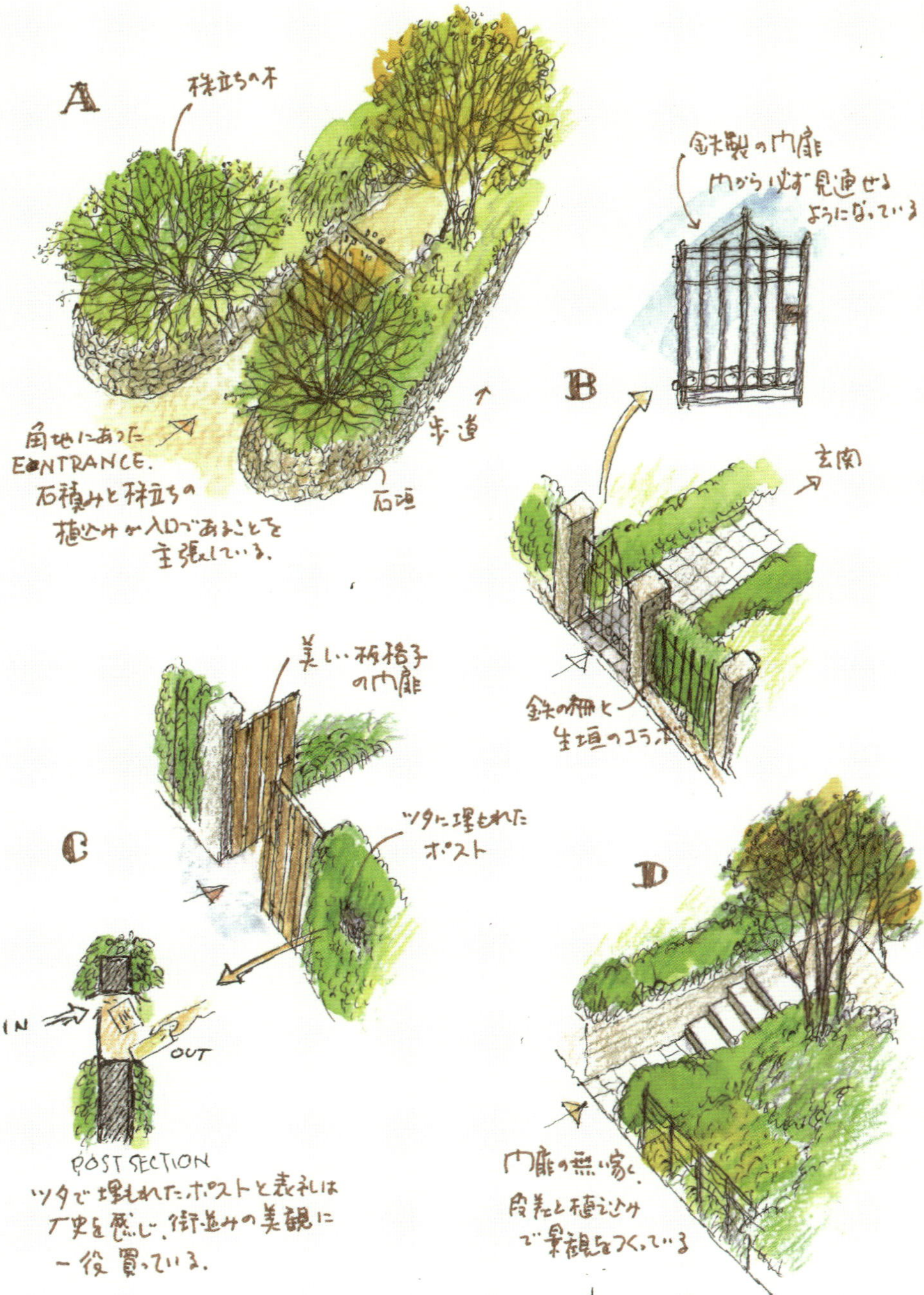

fig.1-37｜オーストラリア・メルボルン・サウスヤラの門と塀（4タイプ）

A——入口に家のシンボルとなる木を植える｜B——門や塀は視線が通るようにする

C——門や塀はできるだけ自然素材でつくる｜D——門や塀をつくらない

fig.1-38｜サウスヤラの外構(6タイプ)

1——入口にシンボルとなる木を植える｜2——道路角にまとめられたポストとベンチ

3——コンクリートの塀はツタで覆う｜4——小枝を編んだ塀

5——低い植栽と高い生垣の塀｜6——低い植栽と巾の広い生垣

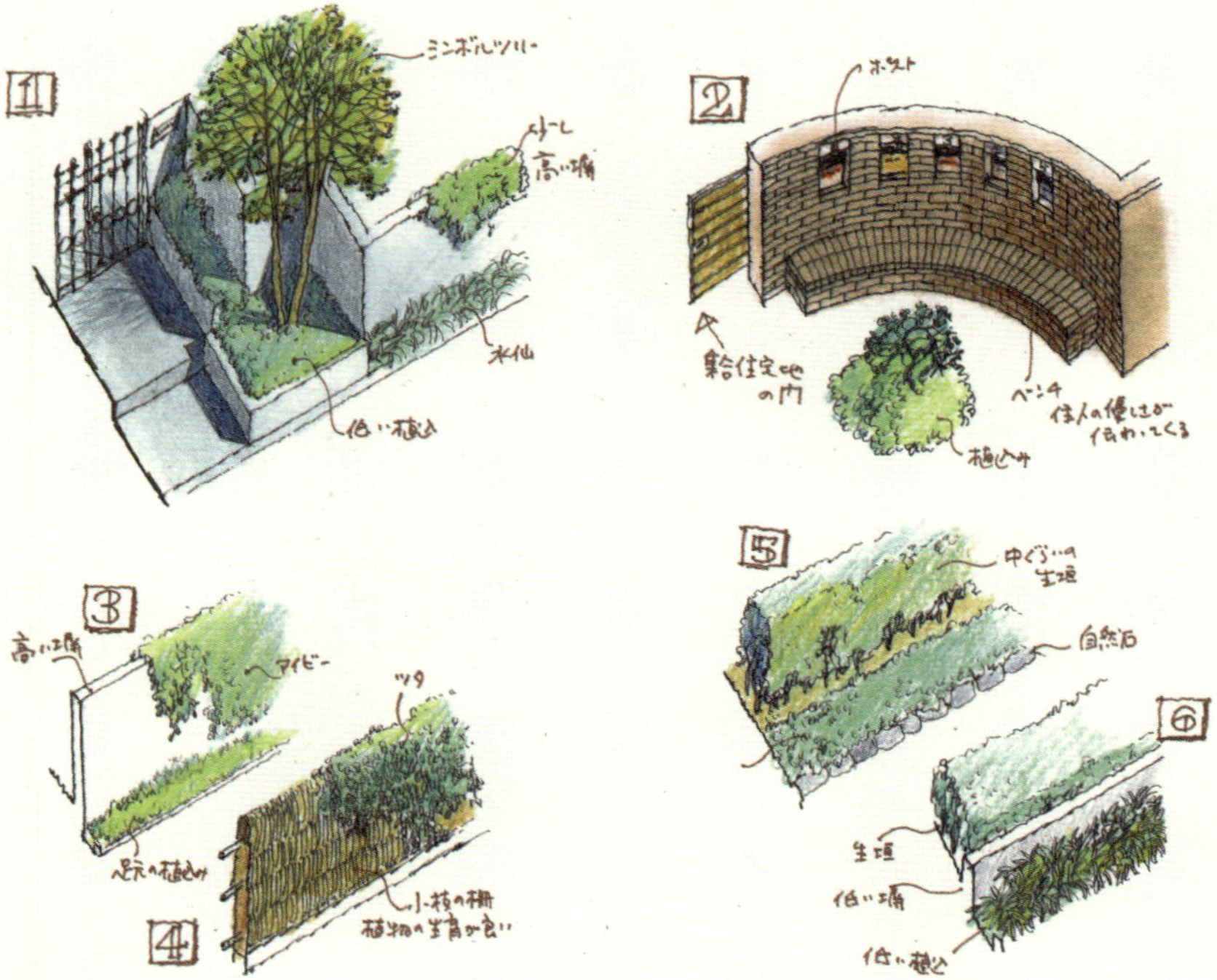

fig.1-39

サウスヤラの街並み

こうして見ると、街並みの善し悪しは一軒一軒の家のデザインよりは境界の生け垣や塀、庭の植え込みが決定しているといっても過言ではない。どの家の外構もさまざまだが共通していることは、内側ばかりでなく、外からの視線に配慮したデザインになっていること。もちろん規約や条例はあるだろうが、それ以上に住民たちが、通る人たちに対して優しい気持ちを持っていることが伝わってくる。そしてこの住宅地の街並みを見て、三つのキーワードが浮かんできた。

一つめは、「透かす」[fig.1-37]。高い塀で宅地を囲んでしまうようなことはせず、必ず宅地内部が見通せるように低い生垣で、門扉は鋳物の格子扉になっている。宅地内や家の様子の気配を感じられることは、道が生きていると感じられる。

二つめに、「緑化する」[fig.1-38]。ときには鉄格子の塀も、高い塀も見かけるが、それらが無粋に直接歩道に面することは避け、蔦などの植物で覆うようになっている。這い上っていく性質のものと垂れ下がるつる性植物を、それぞれの場所で適宜植生させている。人間が粋を凝らしてつくった塀よりも、緑で覆われた塀に勝るものはない。

三つめは「道に向いている」[fig.1-39,40]。その家も外観は道に向いてデザインされている。それは道から見て豪華に見せようとしているのではなく、家の表情が道に向かって語りかけてくるように感じられるのである。これら三つのことを私たちが実行できれば、サウスヤラのような立派な住宅地をつくることができる。

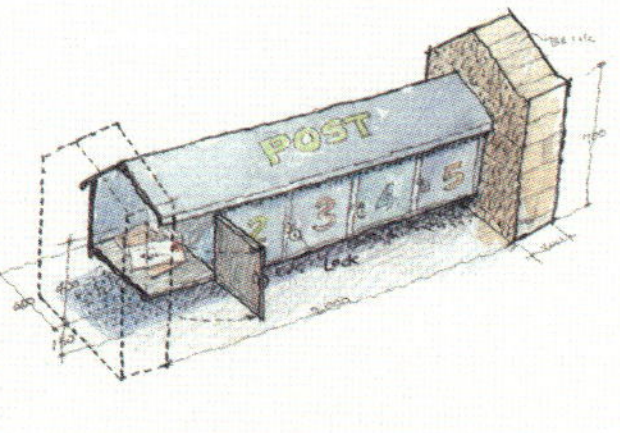

fig.1-40｜サウスヤラで見つけたポスト

1-5

縁が生まれる空間

歩きたくなる道がいい

「道」は一言でいうならば、人やモノが行き来をする公共の空間である。こういってしまえば味も素っ気もないが、わが国の「道空間」はそれ以外に重要な意味と特別な役割を持っていた。古くから列島を貫く「五街道」と、それらから枝別れした「往還」といわれる道が列島全体を網の目のように覆っていた[fig.1-41]。こうした道は人やモノが行き来し、道沿いに宿場町が生まれた。そうした街道や往還が賑ったのは、江戸幕府の政略である参勤交代の制度やお伊勢参り、金毘羅参り、八十八か所参りなどの巡礼の習慣も道空間を充実させる力となった。

このようにわが国の「道空間」は、庶民が旅に出ることができるほど安全で、旅をサポートするための施設も充実していた。そうした様子は、当時出版された十返舎一九の『東海

fig.1-41｜江戸を中心とした主要街道と往環

fig.1-42｜雨宿りの空間

道中膝栗毛』などに生き生きと描かれている。また、各地の「名所図会」といわれる観光名所を描いたガイドブックが出版されたが、それらの名所図会は旅に出る人々に情報を与え、旅に出る機運を後押しした。道に面してさまざまな店が張り出し、道に開いた縁側は旅行く人に休息を与えた。

そのような情景を江戸時代の風景が残る明治期なって日本を訪れた外国の要人たちは、「道がよく整備され、掃除が行き届き、活気に満ち溢れ、しかも人々の礼儀正しさに感嘆した」と記している（ブスケ『日本見聞記』）。

そうしたわが国の人間優先の道の歴史も、近代以降、自動車を受け入れることになる。この便利な近代的移動手段の乗り物は、道を席巻しながら経済の発展に大きく貢献することになり、道は「人間優先の空間から交通空間へ」と変容していった。自動車はいわば生活空間の視点からすれば、両刃の剣の凶器の部分であった。

しかし庶民の住む街には、ささやかだが温かみを感じさせる場がなかったわけではない。わが国には「雨宿り」という言葉がある。急な雨降りのときに避難する場である。さまざまな店の軒先はもちろんのこと、民家の玄関の庇の下が雨宿りの場になった[fig.1-42]。ある屋敷では、竹垣がハの字型にへこんでいて、屋根がかけられた格子戸のある門構えがあった。そこも格好の雨宿りの場であり、ある物語などで見知らぬ男女が急な雨降りによって偶然に出会い、そこから恋が生まれる、というロマンティックな場として登場する。

その後、近代化による産業の発展は都市への人口集中を促した。彼らの住むべき住居を供給するため、土地は高騰し次第に都市はスプロール化することになる。宅地は狭小化し、道というインフラを充実させる余裕を失うことになった。簡単にいうなら、私たちの住環境はこうしてできあがり、その反面、「道空間」を貧しくしていった。宅地と道路の間にはブロックを積んだ塀が建てられ、雨宿りの場所も休む縁台も、会話をする縁側のような空間も消えてしまった。

縁側のある街

そんな思いをしている時期に、ネパールを旅する機会を得た。ネパールはヒマラヤ山脈の麓にある。その首都カトマンドゥはエ

fig.1-43 | ネパール・バドガオンの路地

ベレストをはじめとするヒマラヤの山々の登山口の都市としてよく知られている。

　カトマンドゥ盆地に点在する小さな都市は、イタリアの城塞都市国家と成り立ちも形態もよく類似している。そのような密集した建物群と、それらを縫うように「路地と広場」が展開している都市の構成を実際に見ることができた。

「広場と路地」の空間体験はきわめて魅力的である。狭い路地を歩くときの閉塞感と、突如広場に出たときの何ともいえぬ解放感を味わう迷路性のためである。また都市構成から見ると、人間が生活するために必要な「私的な建築空間」と、路地や広場などの「公共的な外部空間」とのぎりぎりのせめぎ合いによって形成されてきた空間は緊張感に満ち、合理的に計画された都市とは比較にならないほど魅力的だ[fig.1-43]。

　空間の構成を見るならば、まさにイタリアの都市国家そのままといっていい。イタリアと違うのは、ドーモといわれるキリスト教の教会ではなく、ヒンドゥー教寺院を中心にした広場や王宮広場、さらに水汲み場の広場が街の中にいくつも点在している[fig.1-44,45]。イタリアでは、そうした都市国家をよく「中世そのまま」という表現をする。イタリアではそうした都市形態は中世だが、そこでは現代的な生活が営まれて

fig.1-44｜ネパール・ヒンドゥー教のストゥーパ

fig.1-45
バドガオン近郊のマンタパ(左)と
市内のパティ(下)

いる。一方、カトマンドウでは、生活そのものも中世とはいわないまでも、昔ながらの生活や風習を見ることができる。それが素晴らしい。

広場や水汲み場、そして「マンタパ」といわれる建物や空間が、どのように使われていたかを現実に見ることができる。早朝のヒンドゥー教寺院には、祈る人や捧げものをする人たちが集まり、線香の煙が朝もやのように街を満たす。また広場や道に市が立つ。近くの農民たちが作物を持って、少しでもよい売り場を確保しようと懸命である。早く来たものがよい場所で店が広げられるのだ。

広場や寺院はこうした人たちで活気に満ちている。広場がこのように活気づき、現実に広場の使い方を目の前にすると、その広場の成り立ちや形態などの必然性が一目で理解できるのだ。そうした生きた街の中に、私が一際興味を持った建物があった。

広場の一角に、道路の交差点に、坂を登りきった場所に、縁側のような建物が必ず建てられている。まさに私たちのかつて家に存在した縁側そのものである。そこで人々が休み、語らい、ときには商品を並べた露店として使われている。その縁側は「パティ」と呼ばれているが、まったく公共的な施設である[fig.1-46,47]。

その「パティ」の目的とその成り立ちを聞いてみると、「巡礼者が休憩または宿泊する場所」とのことであった。それらは事業で成功し財を得た信者たちが寄進したものである。誰の所有でもなく、誰でもが使える公共施設である。「パティ」は人が集まる場や坂道の上など、人々がつい

fig.1-46｜バドガオン市内の交差点のパティ

休みたくなる場所に必ず建てられている。

一方、私たちの街を見ると、人が集まり、人通りの多い場は商業的価値が高くなり、銀行や高級店舗、娯楽店などが占有する。しかし「パティ」は私たちの街と大きく違って、人が休みたい場所や集まる場所につくられているのである。だから街が人々にやさしく、人々は歩きたくなるのだ。

fig.1-47 | パティで憩うネパールの男性

1-6

幸福度を大切にする国

ブータンのGNH

「美しさ」は、人々にさまざまな影響を与えてくれる。美しさを理解できることは、知性と精神性の豊かさの物指しでもある。路傍に咲く名も知れぬ一輪の花も、よく手入れの行き届いた草葺きの古い民家も、美しい風景を形づくる要因である。ただ、人間は「美しさ」だけで生きてはいけない。人間の人生の基本となる「幸福感」という必要条件に、「美」という十分条件が加わることにより、理想的な生活環境が整い必要十分条件を満たすことができる。美しいものに出会うことは何にも代えがたい幸せともいえるが、愛する人や家族とともに過ごすのも幸せである。このように、「幸福度」は個人によっても、立場や状況によっても、大きく違うのである。

これを教えられたのは、十数年前、ブータンという小さな王国を訪れたときである[fig.1-48]。私たちは豊かな経済や物質文明が幸せを与えてくれると信じてきたように思う。これがGNP（国内総生産量）という経済成長の尺度である。しかし、幸せとは金銭やモノで充足できないことを私たちは気づきはじめている。ブータンではそうした「経済性の発展によって、人間は本当の幸せが得られるのか」という難題を真剣に考え、GNH（国民総幸福量）という価値観を発案し、国の政策に掲げた。そうした、小さな王国ブータンの政策は、私たちの生き方に大きな衝撃を与えた。

ブータンの面積は日本の九州と同じぐらいだが、そこに農業を生業としている人たちが約70万人住んでいる。ほとんどが仏教を信じ、その教えにしたがって自然を敬い、慈悲深い生活を送っている。

ブータンは長い間、王政を敷いてきた王国であるが、この国王が指導者としても人間としても優れた人物なのである。数年前になるが、国王自らが王政を廃止し、国を議会制民主主義政治に移行させた。

fig.1-48 ｜ブータンの農村風景

ブータンのGNHは、近年日本でも広く知られるようになった。国の政策のアドバルーン的な標語だけでなく、実際に2年に一度、「幸福度」についての詳細な調査を行っている。約90パーセントの人たちが「幸せを実感している」という結果が出ている。

1990年代の後半に、ブータンの空港に小さなプロペラ機で降り立った。驚いたのは、当時の空港は木造平屋、石置き屋根の粗末な建物で、喩えれば木造駅舎そのものであった。その建物に次のような掲示板に書かれたメッセージを見たとき、私はとてもよい国を訪れたという予感を覚えた。

その内容を要約すると、

「みなさん、ブータンへ、ようこそ。この国には歯医者が少ないので、子供たちにお菓子などをあげないでください。虫歯になると大変困るのです。」

この一文の本当の意味は誰でも理解できるだろう。子供たちが観光客からモノをもらう習慣がついてしまうことを危惧しているのである。国が子供たちの養育にまで、きちっと配慮して政治を行っている証である。

たしかにブータンを訪れてみると、近代的な文明の利器は見当たらない。国内に信号機が一台もなく、「デインプー」という首都でさえ、メインの交差点が朝夕の混雑時だけ警察官が手信号で交通整理を行っているという実情である。テレビの情報伝達量は大きいから、人々に与える影響は多大で、伝統や独自の文化を守るにはときに大きな弊害とな

fig.1-49｜ブータンの民家断面図

る。それを「国民の幸せとは何か」を考え、ゆっくりとコントロールして近代化を進めている。テレビ放送も自粛しているが、この国では情報統制や秘密隠ぺいなどという政治的意図は微塵も存在しない。

私は建築を生業としているため、さまざまな建築に興味を持っている。「ゾン」といわれる寺院や王宮などばかりでなく、住民たちの集村の形態や住宅の生活は、特に見てみたいと思った。ある雨天の日に、一軒の農家を訪れた[fig.1-49,50]。「家の中を見たい」というと、快く承知してくれた。神聖な場所である仏間を除いて「どこでも自由に見てよい」という。私たちはその言葉に甘えて、家を実測させてもらうことになった。これは建築をやっているわれわれの悪い習性である。

数人が手分けして、家の間取りや断面などを図面化する作業をはじめた。その間、その家の住人である夫婦はずっと竈の前でお茶をすすりながら会話を続けていた。私たち日本人夫婦が2時間も3時間もじっくりと会話することはめったにない。あるとすれば亭主のふがいなさを延々と愚痴られるときだけだ。他の家を訪ねたときも同様に、笑顔で快く迎えてくれたことが忘れ

fig.1-50｜ブータンの民家立面図

られない。

聞くところによると、「誰でも迎い入れ、助け合う」のがブータンの習慣であるという。家を新築する際には、村人たちが協力し合って建てる。そして、近隣の家すべてに、互いに自由に出入りができるのだ。また、たとえ食事時であっても、人が訪れて来ればすぐに食事の用意ができるように、「多めにつくっておく」という。つまり、村全体が家族であり、国全体が一つのコミュニティなのである。そして、何よりも「自然が大切」という価値観が国民に浸透しているのには驚かされる。飼っている牛も家族の一員であるから、冬の寒い時期には牛の食べ物をわざわざ温めて食べさせるという優しい人たちなのである。

したがって、ブータンにはホームレスもいないし、老人の孤独死の話も聞いたことがない。弱者に対して助け合う気持ちを持っている。そして、空き巣もスリも皆無といっていい。あるのは、自然と人を愛する優しい心だ。

電気と鶴、どちらを選択するか

心優しいブータンの人々の国民性をよく表す逸話がある。

ある僻地の村に湿地があり、そこに毎年秋になるとヒマラヤ山脈を超えて鶴が渡ってくる。それを村人たちは何よりも楽しみにしているのだ。ところが、この村にはまだ電気が通じていない。そこに電気が通じることになった。不便なランプの生活から、スイッチ一つで明かりがつく便利な生活になることに、反対する理由はないだろう。そうなれば、電化製品も使えるようになり、ラジオやテレビから情報や娯楽も得られるはずだ。

しかし、この村では電気が通じることに住民たちに反対の意見が出た。その理由は鶴が舞い降りる湿地付近に電柱が立ち、電線が張られれば鶴に事故が起こるかもしれないし、最悪、「鶴が渡ってこなくなる」事態を心配したのである。そこで村人たちは子供たちを交え、意見を交換して評決を採った。結果は意外にも「電気よりも鶴さんがいい」という結論になり、電気は隣村までで止められた。

私たちはこの話を聞いて驚きを隠せないと同時に、あまりにも純粋な人たちに心打たれた。生活が便利になることや商業的利益が上がれば、自然環境を犠牲にしても仕方ないという私たちの考え方とは真逆である。私たちは物質的にも経済的にも彼らよりははるかに豊かである。しかし、金銭やモノの損得で考える私たちは、人間としての精神的な豊かさや優しさについては、彼らの足元にも及ばない。まさにブータンが目指すGNHを象徴する話である。

その後、この話は世界中に伝えられた。ある国はこの村人たちの純粋な心に感動し、電線を埋設する費用を寄付することになり、現在は村の家々に電灯が灯り、鶴もいつものように村に渡ってきている[fig.1-51]。

fig.1-51｜ブータン・ポブジカ谷

Chapter 2

第二章

快適な環境をつくるには

2-1

門と塀はない方がよい

門と塀の意味

「塀」は、ある領域の境界線を明確化するために建てられるものであり、「門」はその領域に出這入りする場所である。

領域を仕切る目的はいくつかある。一つは、「聖なる領域と俗界とを仕切る」ための神社や寺の門塀である。寺院の場合の出入り口は山門であり、神社の場合は主に鳥居が出入りの場所である。特に密教寺院の場合は神秘的な自然の地を境内としたため、聖と俗を仕切る塀はさほど意識されないが、法隆寺のように、平地の俗界に聖の領域をつくるとき、精神性の高い回廊という形で仕切られる。これらは、宗教的な意味合いを持つ門塀の例である。

もう一つは、「防御・防衛」のための門と塀である。侵略者から身を守るために強い塀を立てるのである。いうまでもなく城の石垣や濠、土塀、板塀、生け垣など、防備する目的

fig.2-1｜塀のない仕切り

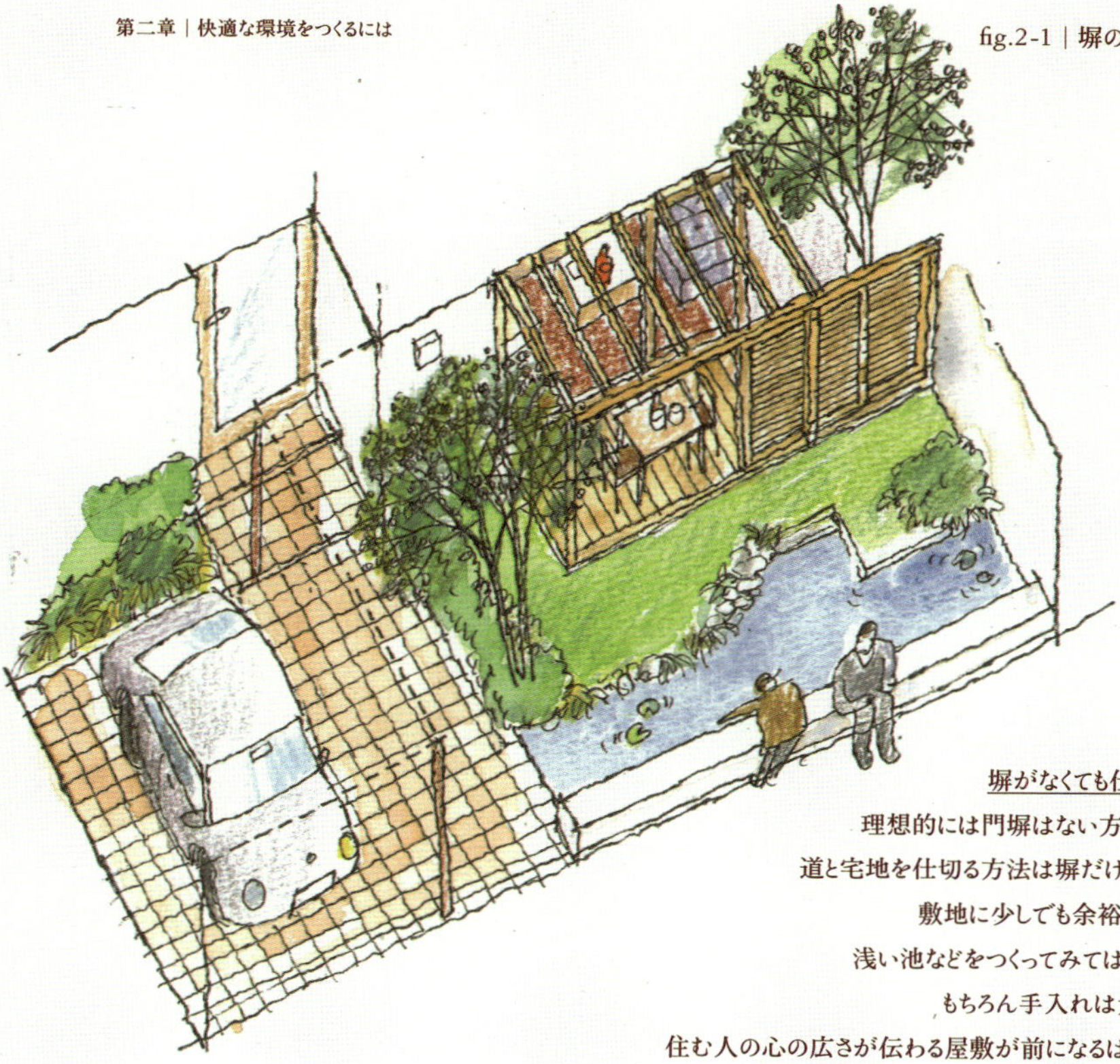

塀がなくても仕切る方法

理想的には門塀はない方がいいが、
道と宅地を仕切る方法は塀だけではない。
敷地に少しでも余裕があれば、
浅い池などをつくってみてはどうだろう。
もちろん手入れは大変だが、
住む人の心の広さが伝わる屋敷が前になるはずである。

に応じてさまざまな形態や素材が選定される。

その他、厳しい気候風土の中で、強風から家を守る目的で築かれる石垣などがある。

前置きはここまでとするが、わが国の狭い宅地の境界線上に高い塀がぐるりと回し、玄関と門が1メートルにも満たない距離でも、門扉をつけるようになった理由がここに隠されている。

それは武家屋敷の門構えと大きく関わっている。武士の身分によって、塀や門の形が決められていた。いわば門と塀は身分の象徴であり、庶民にとっては塀を築き門を構えることは憧れで

fig.2-2｜塀の種類

開閉できる塀

巣櫛でも敷地の中に入られたり、見られることを嫌う人には、
開閉できる塀、植え込みやプランターの置き場などを組み合わせた
美しい木造の塀もよいだろう。
そこの道を通る人への配慮のある街は温かく美しいものだ。

あった。もちろん、江戸期にも門や塀が許された家がなかったわけではないが、それは一部の特権階級の人たちであった。

明治になり、身分制度が撤廃されさまざまな禁止事項がなくなると、庶民は憧れの玄関とささやかな塀を住居の中に取り入れるようになる。

このような状況と類似している時期が「戦後」であるように思う。戦後経済の発展による都市化によって、地方から流入してきた労働者たちは、徐々に所帯を持ち、家を持つようになる。都市の周辺にはそれを当てこんで、建て売り住宅がたくさん建てられた。その建て売り住宅が売れる一つの要因が門構えであった。門構えが家のステータスであり、一般庶民層のささやかな望みを叶えるものであった。

こうした都市への流入労働者の一人であった私の両親も、これとまったく同じ道を歩んだ。近年の住宅地は一軒当たりの敷地が徐々に狭くなってきている。主に地価の上昇が原因だが、そこに建てられる家も空地が少なくなったため、門塀をつくらない家を見かけるようになった。

結論をいえば、門や塀を無理につくらない方がよい。それは、「私有地から道という公共空間への空間の流れがよい」ことと、もう一つ、それによって、「その家の住民、そして周辺住民とのなんらかのコミュニケートの可能性が広がる」からである。

門や塀で閉じることによって、プライバシーを守ることよりも、庭を開放することによって環境的にもコミュニティとしても、より充実した住環境を優先する方が賢明である。それは、世界各地の住みやすいといわれている住宅地を見ると、塀がない住宅地が多いことでも理解できる。塀がなければ、私的／公的スペースがスムーズにつながり、道空間が豊かになる可能性が大きくなる。

2-2

家の正面は道路に向いてほしい

正面に尻を向けて座るべからず

宅地は必ず道路に接している。むしろ接していなければならないといった方が正しい。そうでなければ、たとえ家が建ったとしても生活が成り立たない。ここで大切にしなければならないのは、私的な領域である宅地から、道路という公的な領域への接続の仕方と家の向く方向である。

わが国では家の向きは方位で決められる場合が多い。だから南北の道路に対しては家の東西側、すなわち側面が道路側に面する。東西に走る道路では、日当たりを十分意識して南側には庭を、それに接してリビングや客間などが並んでいる。当然、家の南側は正面である。その反対側の街並みは家の北側になり、トイレや浴室の窓のある裏側になる。これは、いわば「道路という表側に背を向けている」ことになる。人間に置き換えて考えれば、「正面に尻を向けて座っている」わけだから、いたって失礼なことである[fig.2-3,4]。

第一章で、住環境の重要性と美しく快適な住環境は、一軒だけでは成立しないことは述べた。その美しく快適な住環境は緑地率が高く、車道と歩道が分離され、その道路には並木とグリーンベルトが沿って走っている。敷地の境界には無粋な塀などなく、美しい芝生が道路から家まで敷き詰められている。そんな住宅地が美しく快適に暮らせる環境だから、皆が住むことを望み高級住宅地といわれるようになる。こうした住宅地も、例外なく家の外観は質素だが、品がいい。そして道路の方向がどこを向いていようが、

fig.2-3｜道路側を正面にした住宅(左)と背にした住宅(右)

fig.2-4｜道路側を正面にした住宅地の断面

道路に「尻を向けた家」を探すのは難しい。必ず道路側にどのような部屋が配置されようと、北側であろうと、家の正面は道路側である。それが美しい街並みを形成する一つの要因だからである。そして、そうした気配りができる人たちが住んでいるから、快適な住環境が形成できるのである[fig.2-5]。

fig.2-5｜道路を意識して建てられた住宅

2-3

都市型の町家

南向きの家

住まいの快適性を計る物差しとして、日照と通風がある。日差しは私たちが生きていくためには欠かすことのできない自然の恵みである。日差しを受けないと健康を害するが、受けすぎてもよくない。日照は消毒殺菌効果があるため、私たちの衛生的な環境を維持してゆくには必要なものでもある。

そのような理由で、日照を十分受けようとわが国の家々はひまわりのように南を向いている。マンションでも日当たりのよい東南角部屋は人気もあって家賃も高い。また南は表で北は裏というイメージがつくられている。日本の国土を「表日本」「裏日本」と呼ぶのはその典型であろう。これほど南向きにこだわるには、それなりに理由がある。

私たちの先人たちは、農耕を基本とした生活をしてきた。作物の生育のためには太陽の日差しが必要である。太陽は常に作物という恵を与えてくれる身近で不可欠な存在であった。先人たちが素直に太陽を崇め祭る気持ちになったのは自然だ。魚や果実、さらに穀物を乾燥させ、保存食として人間に安定した食料を供給することができるのも太陽の存在があってのことである。また、高温多湿の気候で衛生的な環境を維持するには、十分な日差しを受け、ある程度乾燥した健康的な環境が必要である。

このようにして、原則「農家」は南向きに向けて建てられるようになった。時代が過ぎても農耕を基本としてきたDNAは私たちの身体の中に脈々と流れている。それが、私たちの住宅地の中に顕著に表れている。

道に向く家

しかし、南向きに建てられる「農家」以外に、日本には「町家」という住居様式がある。城下町や宿場町などの商家や旅館という「町家」形式は、南向きを気にせず道に向けて建てられている。なぜなら、「町家」形式では、「客は道から来る」からである。また、間口の広さによって税がかけられていたために、間口が狭く奥行きの長い敷地になった。

その居住環境を維持するために、「通り庭」「土間」「中庭」などが重要な役割を担っていた[fig.2-6]。「通り庭」という住まいを貫く土間は、通路であると同時に光や風の通り道であった。また「坪庭」といわれる中庭は、採光、通風のための空間だが、水を打てば温度差によってわずかな風を起こし、庭石や植栽は生き生きと命を芽吹き、自然を感じさせてくれた。

京都では夏になると紙障子を簾障子に換えて、風通しをよくする。少しでも快適に住むために、こうした粋な風習が生まれてきた。季節の移ろいを楽しむ心は、日本ならではの文化を培ってきた。

「坪庭」や「裏庭」などの日本庭園は、強い太陽の日差しでは風情が出ない。むしろ、曇天や雨のときの方が情緒的だ。こうした繊細な日陰の空間を感じ入る心を持っているのも日本人であるように思う。

都市型の町家

こうして思いを巡らしてみると、現在の私たちの住まいは都市の中の密集地に建てるにもかかわらず、「農家」のように日当たりのよい家を求め続けている。高密度な集住によって宅地が狭小化している状況を考えれば、広々とした敷地に建つ「農家」のような家よりも、むしろ密集地の中で

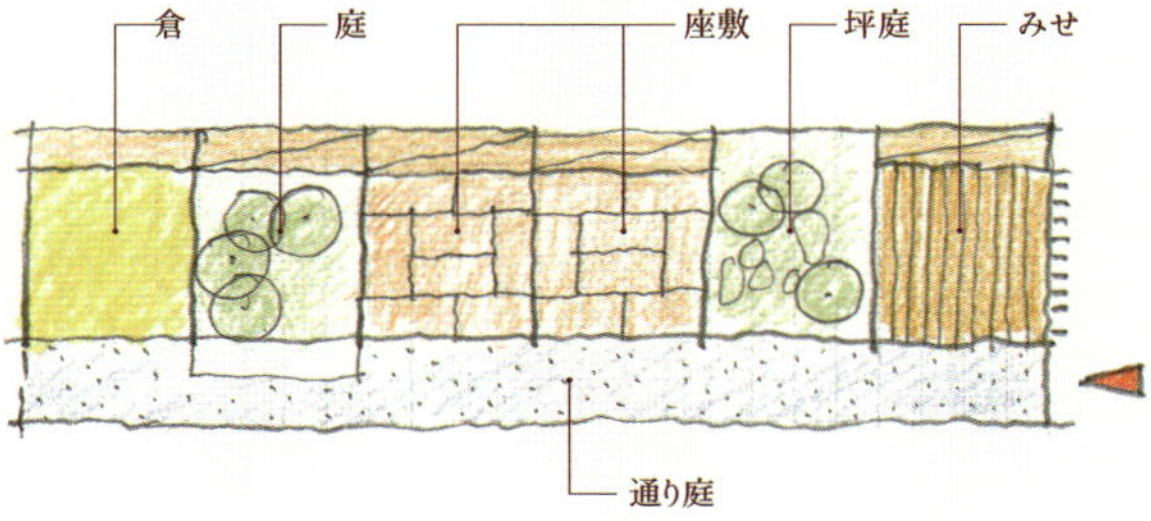

fig.2-6｜町家の基本的な空間構成

快適に過ごす工夫を凝らした「町家」のような、新しい概念の「都市型の町家」を目指すべきである。

宅地が高密度化していく中で、無闇に日照を求めるならば日照権のために隣人との軋轢が絶えなくなってしまう。隣近所がいがみ合っているような住環境では、住みやすい地域共同体を形成できるはずがない。

いつまでも都市の中に「農家型」のような個人の家を求めるのではなく、都市に適応した新しい概念の家をつくっていかなければならない。と同時に、私たちも日当たり優先の意識を変えていく必要があるだろう。私たちはこうした都市の中で、町屋や宿場町、城下町などでも密集した住環境の中で、さまざまな知恵を凝らしながら共同体を営み、良好な住環境を築いてきた経験を持っている。それらの先例から多くのことを学ぶことができるはずである。

それはエネルギーに頼るのではなく、中庭やトップライトなどを適切に設け、採光や通風を確保し、ライフスタイルを見直し、道空間をベースにした生き生きとしたコミュニティがある「都市型の共同体」である。

「都市型の町家」の可能性

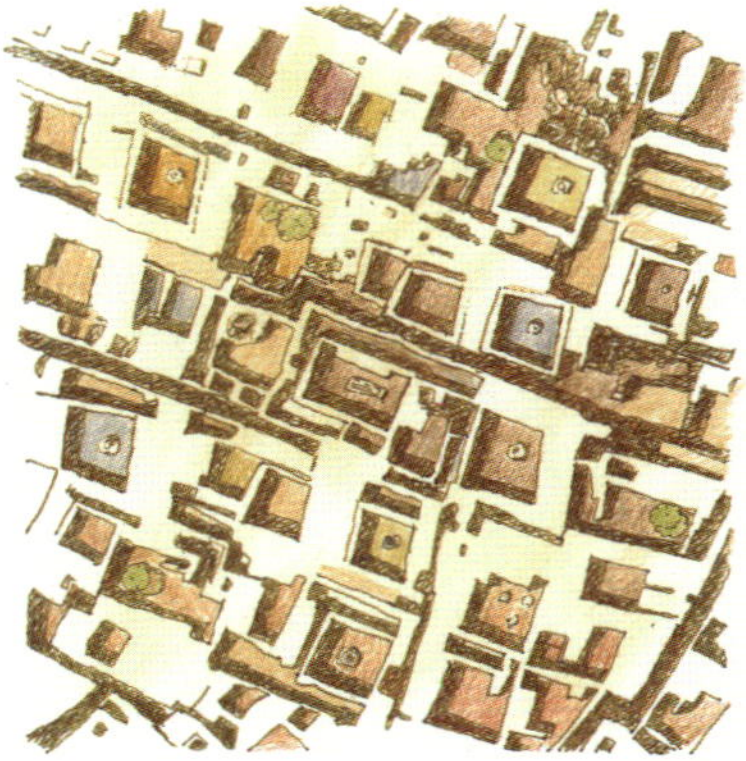

fig.2-7｜モロッコ・マラケシュの街並み

高密度な住宅で知られているモロッコの「マラケシュ」や中国の「四合院」の集落では、防備戦略的な意味から閉鎖的な住居形式になっている[fig.2-7,8]。特にマラケシュでは、路地に迷い込むと「戻れなくなる」といわれているほどである。

住居内は「パティオ」や「テンツエン（天井と書く）」という中庭空間が採光や通風を担っている。この中庭が諸室の中心に配置されており、「住宅の生命そのもの」といっても過言はない。そればかりでなく、生活のすべてがこの中庭を中心に展開し、家族が集まり、語らい、はたまた調理や行事を行う場として多用途に使われている。

こうして考えていくと、密集住宅地での住宅は私たちの新しい「都市型の町家」にヒントを与えてくれる[fig.2-9]。まず、いえることは、密集している環境では外側に開くような形式の住居は成立しにくい。そのため、外部から干渉されない中庭を設けている。この形式は「コートハウス」と呼ばれ、従来からよく知られていたが、その閉鎖性が街並みを形成するのにマイナスイメージになっていた。この「コートハウス」に道に

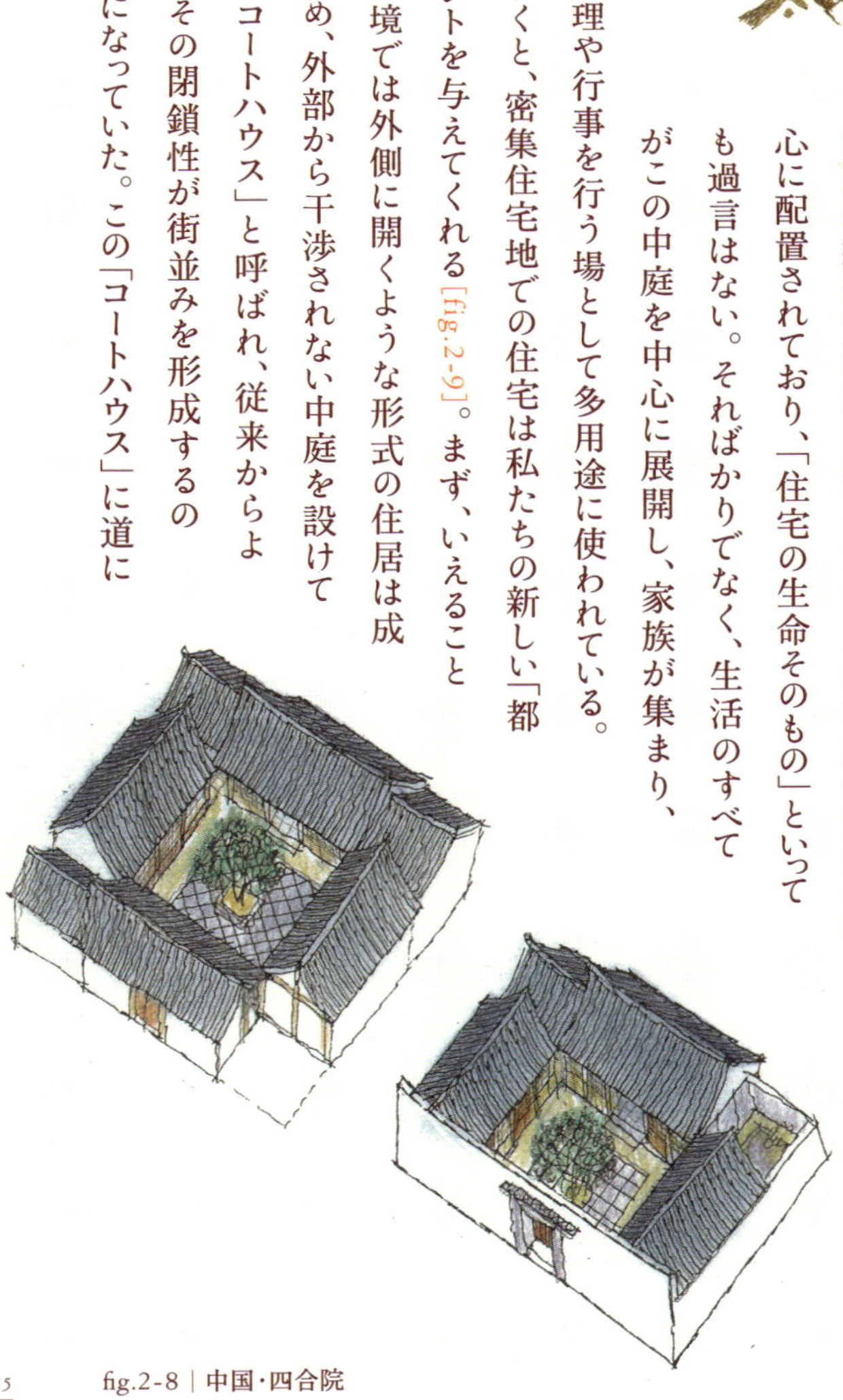

fig.2-8｜中国・四合院

向いた町家の考え方を加えれば、「都市型の町家」ができる。

さらに、狭小地では、最小限の居住スペースを取るのがやっとで、中庭などとる余裕がないというのが現実であろう。昔の集落のように防備のために閉鎖的にする必要性はないから、道に開かれたファサードでありたい。

fig.2-9 | 現代的な都市型の町家

2-4

伝統的な住まいから学ぶこと

風土が育んだ究極の住まい

「民家」はその名の通り、一般庶民の家である。民家は大きく分けて、農村部の「農家」と都市部の「町家」に分けられる。それら先人たちの築いてきた民家から、私たちはさまざまな生きるための知恵を学ぶことができる。

民家は江戸の初期から中期にかけて各地域の気候風土に適合しながら、特異な様式に発展してきた。農家では「合掌造り」「曲家」「兜造り」「中門造り」「分棟型」など、町家では「八棟造り」「塗屋造り」「土蔵造り」など、地域色のあるさまざまな様式が育まれてきた。ここで、私たちの住まいの原点というべき、民家の代表的な様式について述べてみよう。

1 ―― 合掌造り

fig.2-10｜白川郷の合掌造り

「農家」の典型的な例が「白川郷の合掌造り」であろう[fig.2-10,11]。

雪深く、養蚕を生業とする生活は厳しく、大人数が身を寄せ合って生きる大家族制度を生み、「合掌造り」という住様式を育んだ。養蚕は手間がかかり、大きな労働力を必要としたため、二男、三男は所帯を持つことなく一生労働力として使われることが多かった。

合掌造りは多層階であるが、家族の住まいは一階だけで、上層階はすべて養蚕のための空間であったから、「合掌」という構造によって大きな空間をつくったのである。

またこうした大きな建築をつくるのも、維持していくためにも多大な労働力と資材が必要であったから、家族同士が助け合っていかなければならなかった。その助け合いの組織が「結」といわれるものである。

「結＝生きるために助け合う」ことが、この地域共同体の基本となっている。現在でも「結」の制度は生きていて、大きな屋根の葺き替え時には、村人が総出で協力し合う。

家族が一つとなって生きてゆかなければならなかった状況から生まれた大家族

fig.2-11｜五箇山の合掌造り

の制度と、村全体が存続するために必要とされた「結」の制度は、現在の人間関係が希薄になってしまった私たちの都市の生活の改善にいくつかのヒントを与えてくれる。

2 —— 茅壁の家

「茅壁の家」も厳しい気候の中で生まれた様式である[fig.2-12]。新潟県秋山郷は豪雪地帯として知られている。江戸時代には「豪雪で村が孤立し、全滅した」という記録が残されているほどである。

「茅壁の家」の特徴は、冬季になると家の周りを茅で囲い、厚着をするのである[fig.2-13]。春になると、傷んだ茅を取り払う。いわば、「衣替えする民家」である。厳しい気候に対応するために気候の変化に応じて、壁の形態を変えていくという方法を考え出した。手間暇がかかるということが、不合理なように思いがちだが、手間というほどよい労働は健康にもよいし、知恵を働かすという頭脳プレーは人間には絶えず必要なことである。

fig.2-12｜秋山郷の茅壁の家

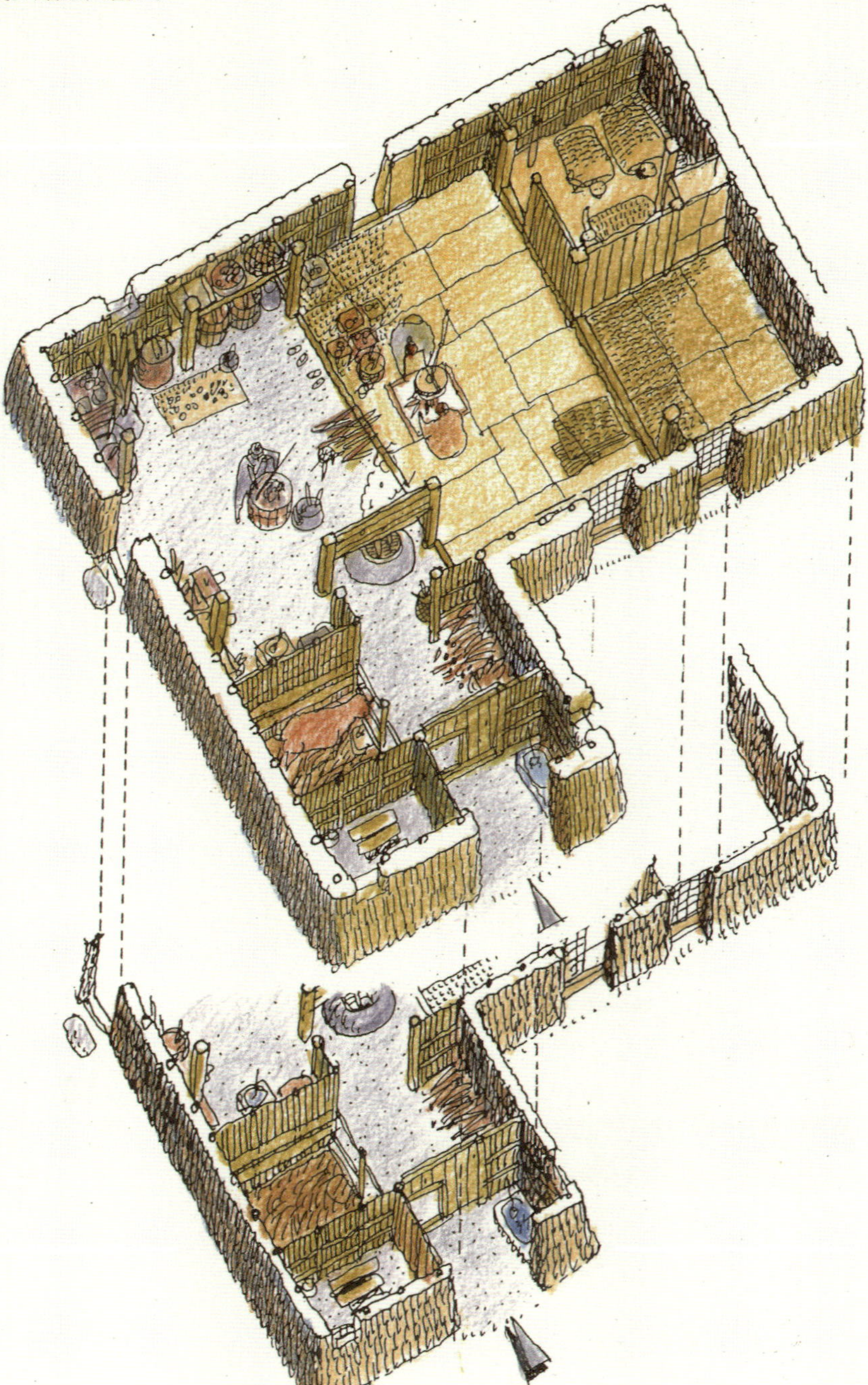

fig.2-13｜衣替えする茅壁の家（上が冬、下が夏）

3 ―― 直屋《すごや》造り

「直屋造り」の北村家は、現在の神奈川県秦野市に建っていた農家である[fig.2-14]。

直屋造りとは、単純な切妻屋根もしくは寄棟造りの載った横長の間取りの造りをいう。右手に土間、左に広間と座敷を配した間取りだが、特徴的なのが囲炉裏のある広間の床に真竹が敷き詰めてあることだ。

その理由は諸説あるが、竹は亜熱帯地方特有の植物で、成長が早く日本では比較的手に入りやすい材であるため、製材した板よりも安価であったこと。また、竹は比較的熱伝導率がよいため、座ったときに涼しく感じることと通気性がよいことなど、湿気の多い地域には適した床である。

直に座ってみると座り心地はよくないが、実際にはムシロや座布団などを敷いて座っていた。民家は例外なく、その土地で手に入

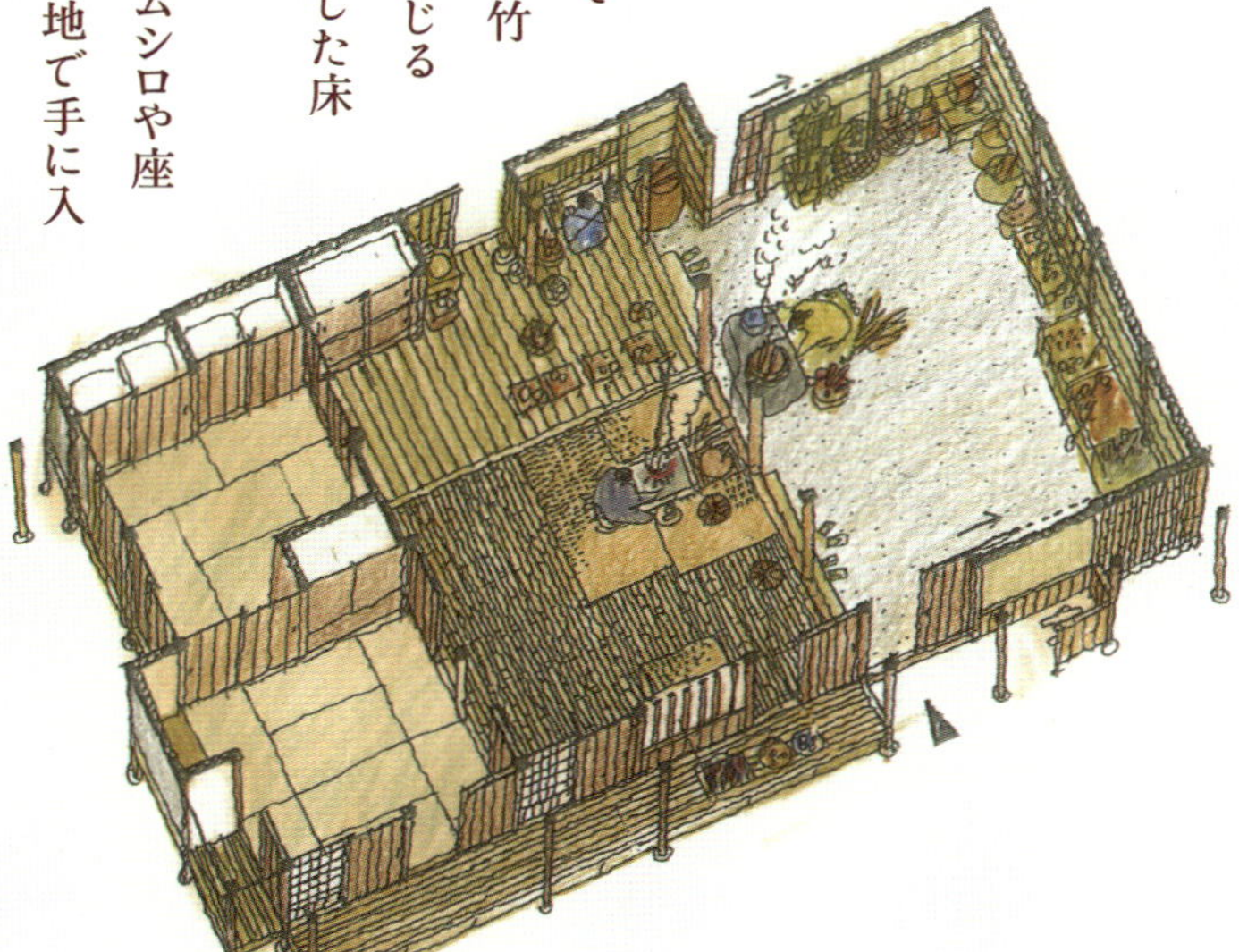

fig.2-14｜直家造りの北村家

fig.2-16｜作田家断面図

れられやすい建材で建設される。そして、気候風土や自然の摂理にしたがい、建材の特性を生かした使い方をするのが原則である。

4 ―― 分棟型

「分棟型」の様式は、ある狭い地域に集中しているのではなく、南九州から四国、房総半島など、太平洋沿岸に散在しているのが特徴である[fig.2-15]。

形態的特徴は、その名の通り、一つ民家の平面形式にもかかわらず、二つ寄せ棟屋根の建物によって構成されていることである[fig.2-16]。かつて、火災の危険のある竈は主屋の外に別棟として置かれていたが、徐々に二つの棟が一体化していった。平面を見る限り、一般的に多く見られる民家とさほど変わりがないが、二つの寄棟造りの建物が並立している外観は「分棟型」と呼ぶにふさわしい。

不思議に思うのは、二つの寄せ棟が一体となっているため、屋根の接合部が谷樋になり、雨仕舞いにおいては不合理な形になっている。しかし、丸太をくり貫いた樋が土間の上に吊られた姿は壮観である。

fig.2-15｜分棟型の作田家

fig.2-17｜脇町の町家

5――ウナギの寝床・町家

「農家」の起源は竪穴式住居だが、「町家」は平地式住居が起源とされている。掘立柱に板屋根を葺き、丸太と石を置いた屋根に、壁は土や板、網代などでつくられていた。道に面した部分は出入り口と商品を並べる棚があるだけの粗末な建物であったが、時代が下がり、商人たちが財力を得てくると、「町家」という様式が生まれてくる。農家は方位によって家の向きや間取りも決定されていたが、町家は住むため以上に商売が優先されたため、道路を正面にして建てられている[fig.2-17]。

間口の広さで税が決められていたため、できるだけ間口を狭く奥行きの長い、いわば「ウナギの寝床」といわれる間取りの家が一般化していった[fig.2-18]。

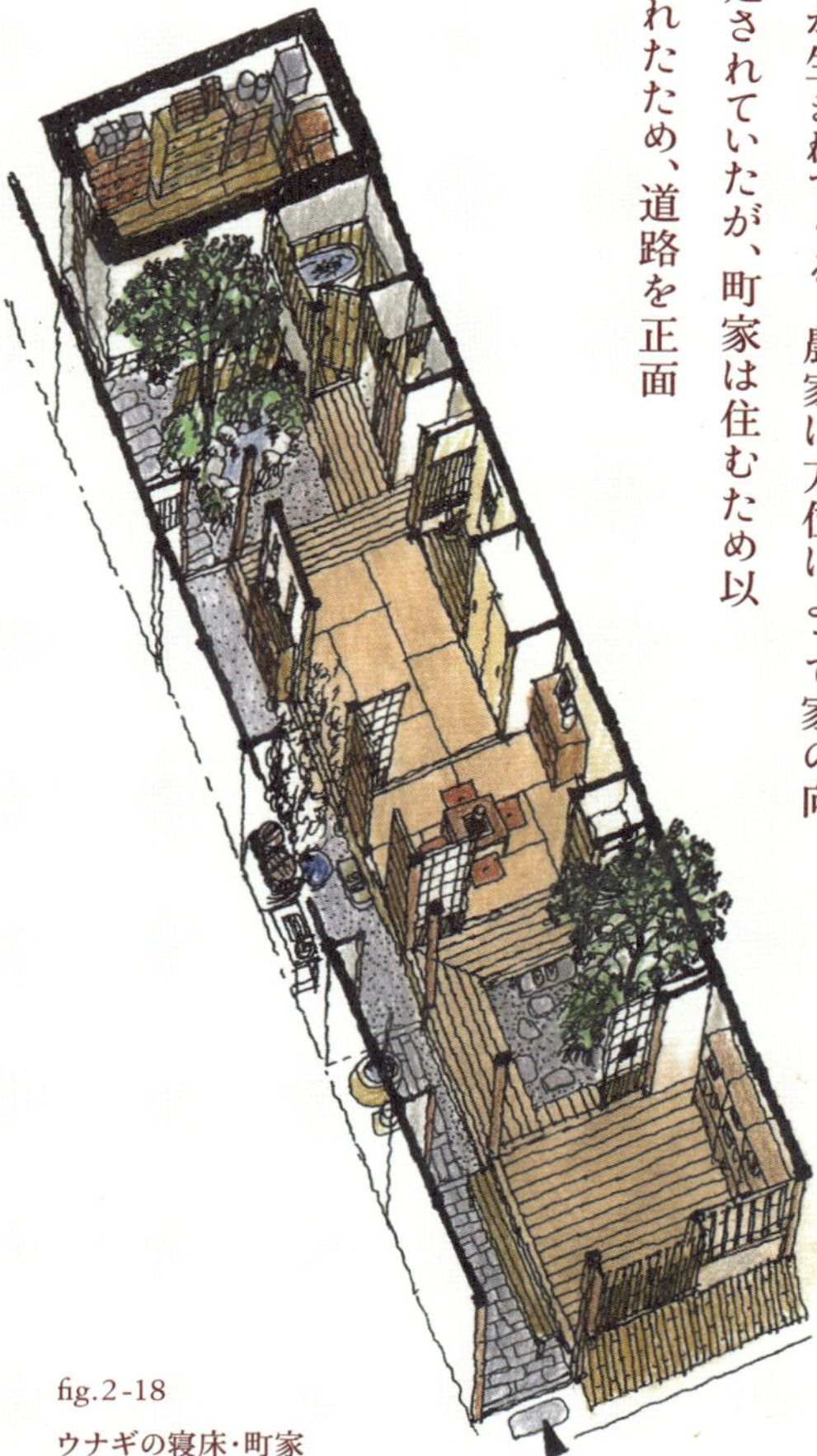

fig.2-18
ウナギの寝床・町家

家々が密集すれば日照も通風も得ることは難しくなるため、「ウナギの寝床」の中央部には「坪庭」が設けられ、さらに正面と奥を結ぶ「通り庭」と呼ばれる通路空間が設けられるようになった[fig.2-19]。

「坪庭」は狭いながらも美しい景色をつくっていたが、「通り庭」と合わせて、採光や通風などのためには欠かせないものであった。「坪庭」から座敷へ直射日光は射し込まなくとも、庇や植栽に差した光が乱反射し、室内をほどよく照らしている。光と影という部分だけでなく、「陰」という繊細な光を感じ取れる感性を持っているのも、私たち日本人の特性である。

fig.2-19｜ウナギの寝床・町家の通り庭

2-5

新しさと古さのベストミックス

新旧共存のあり方

昔から新しくてよいものは畳と女房などと女性に失礼な話が伝えられているが、反対に時間が経たないと味が出てこないものや熟成されないものはたくさんある。しかし、日本人は総じて「新」という字に弱いように思う。すぐに「新製品」「新建材」に飛びつく習性を持っているようである。それは新しいものが絶対よいものと信じてやまない価値観を抱いている国民だからである。

なぜそのような価値観を持つようになったのだろうか。わが国の経済の発展は、電化製品や自動車など工業製品の開発、生産によって成長してきた。つぎつぎと発売される新製品は、技術的な改良を加えられ、前の形式よりも性能もデザインも必ず向上している。科学技術の発展とはそういうものである。それを、私たちの世代は1950年代中頃から、現実に経験してきた。新しく販売された洗濯機は丸型で、脱水は手回し式であったが、あっという間に二層式の遠心分離式の脱水機になり、洗いからすすぎ、脱水乾燥まで、自動で行う製品が当たり前になった。

パソコンやデジタルカメラにおいてはその性能の進歩の速度は、早すぎて私にはついていけない。発売から一か月経ったものは骨董品、一年も経てば考古学的化石とさえいわれるほどである。骨董品や化石ならそれ相当の価値はあるが、これらの製品はただの産業廃棄物になってしまうのが悲しい。

建材の種類は少なくてよい

建築の世界でもつぎつぎと新建材が開発され、販売される。これほど建材の種類の多い国も珍しい。顧客のニーズに合ったものを提供するという名目なのだが、果たしてそんなに多種多様なニーズがあるのだろうか。

屋根材、壁材など建材の分厚いカタログを見るたびに、「これこそ資源の浪費ではないか」と感じているのは私だけではないだろう。これだけたくさんの種類の建材を生産するにはその生産コストばかりでなく、ストックしておく費用も馬鹿にならない。西欧のように屋根瓦の種類が限られていれば、生産コストも安くなり、その建材を扱う技術も向上し、性能のよい家が安く供給できるはずである。何にもまして、ただ個人の趣味を満足させた家が乱立することがなくなり、景観が統一されるのがもっともよいことかもしれない。

新建材のよさは、いくつかあるのだろうが、私はそれを強く実感したことはない。分厚いカタログからやっとの思いで選んだ建材で仕上げたが、数年後、欠損したためその建材を注文したときには生産中止というケースを何度も経験した。

またある日、私の通勤途中の商店街のモールが珍しいデザインのタイルで舗装された。しかし、その後行った配管工事でタイルが掘り起こされた後、同じタイルが手配できないらしく継ぎ接ぎ状態にされ、醜いモールになっている。もし、舗装材を数少なく決めておき、常時ストックしておける体制をつくっておけば、材の補給もたやすくできるだろうにと思う。

ベストミックスという心地よい状態

配色の美しさにおいても、一色だけで際立つこともあるが、幾種類もの色を適度にミックスすることによって、思いがけない効果を生み出すこともある。また、人間のさまざまな価値観も一つに偏るよりも、多彩な考え方が存在している社会の方が自由度があってよい。

それと同じように、街も古いものと新しいものがほどよく混在していれば、相乗的に反応し合って意外な効果を生み出すこともある。

自然環境的な意味で、「里山」といわれる地域は、人工と自然、また人間と動物が生息する領域がほどよく融合した環境になっている。これが「ベストミックス」といわれる状態である。文明もゆっくりと進んでくれると、古いものと新しいものが適宜に混ざり合う時間があるため、バランスを保つことができるのだが、現在のようにスピードが速すぎると、古いものが新しいものに一気に押し流され、一方的で偏ったものになりがちである。

これと同じような状況は、村や街においても見ることができる。地方の共同体は、村から町へ、ときには都市へと発展していく。この半世紀の間の集落の変化の速さには驚くべきものがある。そのたびに、人々の生活も共同体も形態も人の心も早い速度で変わってい

fig.2-20
イタリア・レッチェ市内の遺跡

く。私たちの住む街も新しいだけでは深みを感じないし、古いだけでは時代劇のセットのようになって現実味のない街になってしまう。古いものの中に新しいものが混ざり合い、または新しいものの中に古いものが適度に混ざり合っている方が対比的で魅力が増す。

極端な「ベストミックス」の例として、イタリア南部のバロックの街として知られている「レッチェ」がある[fig.2-20]。その街の広場の一角にはローマ時代の遺跡がそのまま残されていて、その中で生活を営む贅沢さがある。このような街であれば、自分の住んでいる街に愛着が湧くだろうし、歴史のある伝統的な街に誇りを持てない人はいないだろう。

新旧の「ベストミックス」は遺跡ばかりではない。古い建物と新しいインテリアの調和もある。ヨーロッパの古い街並みを歩くと、店舗の外観は中世期そのままだが、インテリアは新しいデザインで仕上げられていることに気づくだろう。また、ポルトガルのリスボンは段差の多い街である。その不便さを解消するために、古い街の中にエレベーターを付け加えた[fig.2-21]。古いものが新しいものを引き立て、新しさが古さの足りない部分を補うという相互依存の関係がよいのである。

fig.2-21｜ポルトガル・リスボンの都市型エレベーター

2-6

家は子供の養育のよき教材

住まいは優れた教材である

家一軒を建てるとき、必ず生活の利便性、耐久性など家の性能の善し悪しに目が向くのは当然のことである。しかし、家はそれだけでなく、別の重要な役割を持っていることを忘れないでほしい。

その役割の一つが、住まいは子供にとってさまざまなことを教えてくれる「教材」なのである。これは家の壁や床などの「材の本質を学ぶ」こと、そして「空間をどのように使うか」を考えさせてくれるための教材である[fig.2-22]。見落としがちだが、これらが子供の人格形成に大きく影響を与える。

主に教育は、学校で行うものと考えがちであるが、社会の中で生きていくための基本となる礼節は、家庭で行うものである。だから子供の人間性（情操

fig.2-22｜桂離宮・松琴亭

や感受性、社会常識、思想など）は、周囲の環境と親や祖父母、近隣の人たちの影響を受けて形成されていく。

一方、それと同様に「住まい」というツールは、子供の養育の点で大切な役割を担うのである。優れた設計者は住宅を考えるとき、生活するために必要な住まいの性能を満たすのも大事だが、その家族の将来像を考え、子供の養育に役立ち、長きにわたって存続しうる住まいを考えるのである。

フェイク製品のもたらすもの

昨今、メーカーなどは「メンテナンスを必要としない家」という要望に応えるために、建材はなるべく自然素材を避け、手入れの必要のない石油精製やアルミなどによってつくられた新建材が選択される。そのような新建材はたとえ汚しても、さっと拭き取れるし、また乱暴に扱い刃物が当たっても傷はつかない。そして無機的な質感を消すために、木目や布目調の型押しやプリントにより、遠目から見ると、一見本物と見極めがつかないほどのフェイク製品をつくる。

木材の種類や性質、建材としての質感やメンテナンスの方法を知ることは、生きてゆくために不可欠な知識である。樹木としては生命を失っているが、建材としては生きている素材である。本物の木材は年月を経て風合いと味わいを増す。長持ちさせるにはどうすればよいかを知らなければならないし、古さの味を感じられる感受性を養わなければならない。

このようなエピソードがある。

こうしたプリント合板の家で育った子供が、本物の無垢の木材の壁にクレヨンで絵を描いてしまった。子供はフェイクも本物も見分けがつかない。子供はいままで家で壁に絵を描いても親に叱られることもなく、母親はすぐに拭き取ってくれたから何の問題も起きなかったが、本物の木に描いたところ、その子供は母親にこっぴどく叱られた。

この話の教訓は、私たちの住まいに対する間違った考え方によって、子供たちに真贋の目を狂わしてしまっているのではないか、ということにある。何事も、「手間暇がかかるから大変だ」という理由が私たちの価値観を形成し、あらゆる方面にこのような負の結果を生み出してはいないだろうか。フェイク製品を判別できる大人はよいだろうが、まだモノの本質を見抜けない子供にとっては教育上マイナスになることは間違いない。

整理と論理的思考

住まいは必ず片付けはしなくてはならないし、掃除もしなくてはならない。それは住まいを清潔にするという目的以上に、必要なものをすぐに取り出せ、効率的に生活ができるメリットがある。また整理整頓をすることによって、子供はモノの合理的な配置や秩序の大切さを学ぶことができる。

知識を得て、それらを上手に活用するのが知恵である。そして、多くの知識を秩序立てて整理し、それらを論理的に組み立てることによって、物事の正悪や真贋の判別や真実を知ることができる。知識がたくさんあるにもかかわらず、それらが散らかっていては、せっかくの知識も意味をなさない。私たちの頭の中も同様に、知識がたくさん山積みにされているだけでは、知識のゴミ屋敷と同じことである。

また、清掃は家を清潔に保つために必要なことだが、それ以外に家の隅々の不具合や痛みを確認する行為でもある。子供は親を手本にして育つ。大変な掃除を毎日健気に行う母親の背中を見て、親を尊敬しない子供はいないし、子供は自然に親を敬愛するようになるのである。たとえ、「掃除をしなくてもよい家」を手に入れることができたとしても、それは幸せなことではないように思う。それはせっかくの子供たちへの養育の機会を捨ててしまっているからである。

「住まいは優れた教材」であり、親は子供にとってかけがえのない教師であることを忘れてはならない。

紙障子はさまざまなことを教えてくれる

「障子」はわが国独自の優れた建具である。和紙を通して入ってくる光は優しく温かい。その光は人やモノの姿を驚くほど美しく見せてくれる[fig.2-23]。

近年、この障子を見かけなくなった多くの理由は、破れた紙を張り替える手間がかかるからだという。紙は破れやすいのが本来の性質で、そうした繊細さが紙のよいところだ。

しかし、ある製紙メーカーは石油精製材で破れにくい紙をつくる。これも一見紙のようだが、和紙本来の性質はなく、いわば「フェイクの障子紙」である。水に濡らしても、多少の衝撃を与えても破れない。

子供の頃、よく遊びがすぎて障子紙を破いた。母親に叱られたが、破れた升目の部分だけを張り替え、また小さな穴は花弁の形の当て紙をして直し

fig.2-23｜京都・大徳寺孤蓬庵忘筌の紙障子

てくれた。最後に口に含んだ水を霧にして吹きかける母親の姿は、子供心に凛々しく映った。たるんでいた紙が乾くと見事にぴんと張った。それを見て、紙の性質の一端を学んだ。破ける紙障子は、その本質と、それを直してくれる技と親の愛情を教えてくれた。こうして子供は親の愛情を知り、それを修理する技を学んできた。

障子のよさはほどよい光の透過性だが、防音・遮音効果はまったく期待できない。それは紙ゆえの欠点といえば欠点だが、その音と光の透過性が私たちの生活の中に繊細な規律を培ってきた。

障子は欠陥を持った建具だが、家族間の気持ちが通じ合える気配が行き来する関係を築いていくには、すべてをシャットアウトしてしまう厚いドアよりも優れている。こうした障子や襖の入った家での暮らしの中で、子供たちは大声で話すことも廊下を走ることも家族に迷惑がかかることを自然に身につけてきた。

家は厚い壁とドアで仕切られた部屋の集合ではなく、家族がともに住んでいるという共同体意識が存在していなければならない。そのためには互いの気配が行き来するような空間の構成がなされている家でなければならない。

障子は家の格式

これはある何百年も続いた地方名家の話である。私がこの名家に住む中年の女性の話を聞いて、わが国もまだまだ見捨てたものではないと感じた。

この家は江戸時代からの大名のご典医を務めてきた名家であったが、かつては多くの使用人が居て、広い家の維持管理はこの使用人たちが行ってきた。しかし、時代は移り、使用人も少なくなって家を保全していくのが難しくなってきた。このような状況での話である。

その名家には大小合わせると数十本を超える障子があり、その障子の張り替えは毎年のことだが、大変な重労働であった。最近では大判の障子紙も市販されているから、それを使えばかなり労働と時間は軽減されるはずだが、そこの主人はそうした手軽な障子紙を使うことを許さない。一尺の巻紙を丹念に張っていくことにこだわる。しかし、この一尺の巻いた障子紙には継ぎ目がある。よい仕事はこの紙の継ぎ目を障子の桟に合わせて張り、紙の継ぎ目を隠す[fig.2-24]。「途中に継ぎ目が見えてしまうのも、一枚で手軽に張ってしまうことも、家の品格が許さない」のだと、その女性はいう。

その話を聞いたとき、そうした格式と美学を持ち続けている人が現在でもいることに驚くとともに嬉しい気持ちになった。その女性の知的な立ち居振る舞いを見れば、親の教育も行き届いた格式のある家に育てられたことがよくわかる。

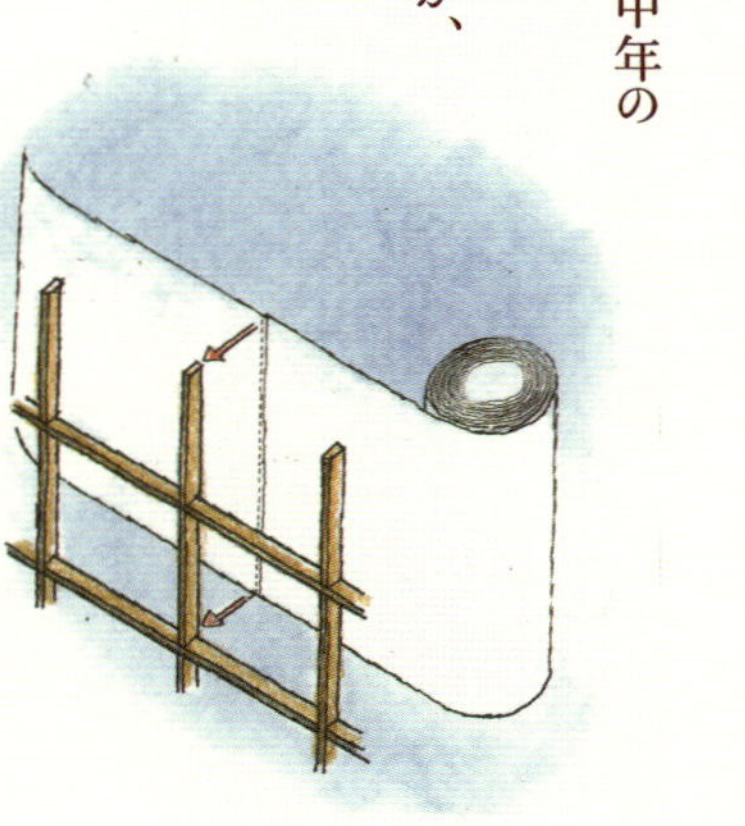

fig.2-24 | 障子紙の継ぎ目と桟

2-7

窓は建築の心

窓は建築の心

近代建築三大巨匠の一人、フランク・ロイド・ライトが「窓のデザインほど難しいものはない」と語った言葉が印象的である。

窓を含めて扉などすべての開口部は、さまざまな側面を持った扱いの難しい建築のエレメントである。多くの建築家が窓のデザインで悩まされるのは、多様で矛盾した機能が要求され、それを一つの形態か数少ない仕組みで解決しなければならないからである。

窓は、外部と内部をつなぐ接点であり、入ってくるものと出ていくものがある。この出ていくものと入ってくるものが相反し矛盾しているため、窓に求められる解決策が難しくなっている。たとえば、冬期に太陽光を十分入れるために大きな開口部を設ければ、夏場は暑くて仕方ない。四季の変化の多いわが国では、特にこの現象が宿命的である。

また見晴らしはよい大きな開口は、裏を返せばプライバシーに対して無防備な状態である。必ずしも窓を開ければ爽やかな風が入ってくるとは限らないし、ときにはほこりや臭気、騒音などが入ってきてしまい、私たちの都合のよい状況にはなかなかなってくれない。多様に変化する自然とそれに答える建築は、限られた対応しかできない点が難しいのである。巨匠ならこの程度の要求でてこずることはないだろうが、建築家にとって、窓の性能とデザインを融合させることが、もっとも難しいのである。

「目は心の窓」ということわざがあるように、いうなれば「窓は建築の心」といっていいかもしれない。美しい建築は例外なく、窓のデザインが美しい。そして機能的である。

フィッシャー邸の窓

建築家コルビュジエ、ミース、ライトを称して「三大巨匠」といわれているが、「五大巨匠」の中にならば入るだろうといわれる建築家にルイス・

fig.2-25 | フィッシャー邸の外観

fig.2-26｜フィッシャー邸の窓の仕組み

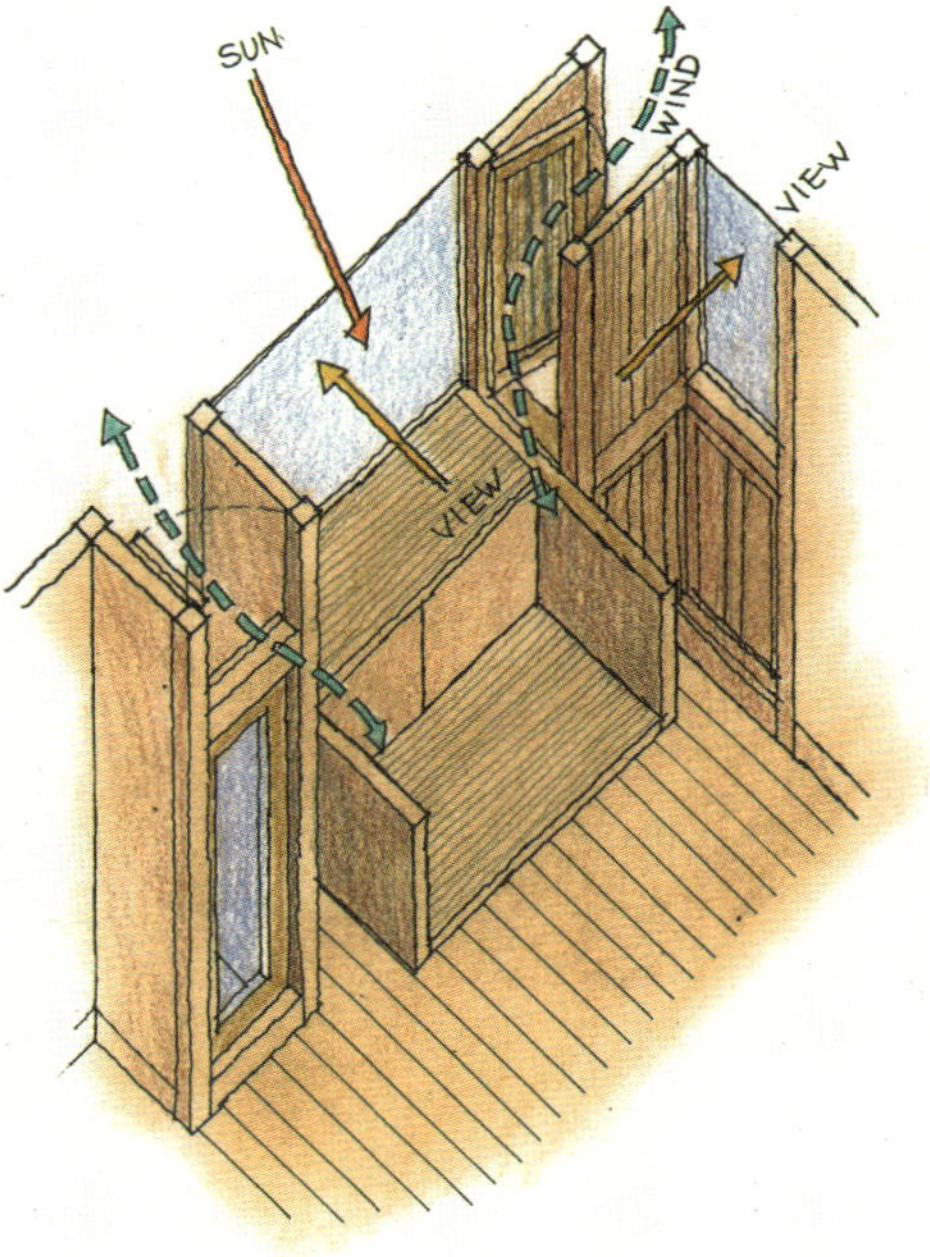

カーンがいる。彼が設計した住宅「フィッシャー邸」は窓に対して、一つの解決策を見出すことができる。

「フィッシャー邸」は、アメリカのフィアデルフィア郊外の緑豊かな住宅街に建っている瀟洒な住宅である[fig.2-25]。ルイス・カーンの窓の提案とは、「光を取り入れる窓」と「風を通す窓」を、それぞれ別々に機能を与え、一つの形でいくつもの役割を果たすのではなく、光は光、風は風というように窓をそれぞれ専門化したのである[fig.2-26]。人間もそうだが、職業を専門職化すればするほど技量は高度化する。この理屈である。

光を取り入れ、また眺めるための窓は、開閉しない大きなガラスを嵌め殺しにしたピクチュアウィンドウである。この窓から四季折々の豊かな美しい自然が美術館の絵のように鑑賞できる。ここでは周囲が豊かな自然に囲まれているから、夏の強い日差しも周囲からの視線も樹木が遮ってくれる。冬は葉を落とし、十分な太陽の光を通してくれる。これは恵まれた環境だからこそ、このような純化した解決策も生まれてくるのかもしれない。

このように、窓を専門職化する手法は他にも見ることができる。ガラスは透過性が優れているものの、防犯の面では脆弱な建材である。そこで考え出されたのがガラスブロックである。これであれば、視線や雑音を遮りつつ、光は十分室内に入れることができる。

「フィッシャー邸」のように窓自体が専門職化しないまでも、わが国の建築では古くから建具がそれぞれ機能を専門職化していた。格子戸は風や視線を通しながら、ほどよい防備機能を備えていたし、紙障子(明かり障子)は視線を遮り、柔らかい光を室内に導いてくれた。こうして建具を何枚も重ねることによって、さまざまな状況に対応してきたのが、わが国の窓である。

私たちの住環境を考えると、隣の家との距離が数メートル、いや2メートルなどという環境も珍しくない。窓は常に「あればよい」というものではなく、場所と形、システムをよく考慮してデザインしなければならない。

2-8

向こう三軒両隣

犯罪のない住宅地のつくり方

「向こう三軒両隣」とは、自分の家を含めた六軒の家々を単位とした共同体をいうが、それは生活を営んでいくためには、最低限「向かいの三軒と両隣の二軒の家との付き合いを大切にしなければならない」ということを示唆した言葉である。

いまの世の中、近所付き合いがない方が気楽でいいのかもしれない。都市化した便利な社会では、他人と付き合わなければならない必然性は薄れてきた。そのため、社会がすべてに対して無関心になり、孤独死や幼児の虐待死を見逃してしまうほどきめの粗い共同体になってしまった。人々が集合住宅や分譲住宅地に住む動機やきっかけは、さまざまな事情が偶然に重なって住むことになっただけで、集住する必然性はそこには存在しない。

また一方で、新興住宅地などでは、空き巣の被害の話を耳にする。その対策として一戸建ての場合は、窓に格子やシャッターをつけ、あらゆる出入り口には鍵を幾つも取りつける。それに加えて、一切生活の気配すら感じられないようにするという強い意識によって、私たちの多くの住宅地の通りは、塀で囲われた人通りのない閉鎖的な住環境になってしまっている。

こうしたときこそ、「向こう三軒両隣」という小さな絆が求められるのかもしれない。

犯罪が起きやすい地域は、近隣とのコミュニケーションが希薄な地域、そして人通りの少ない地域であるという。そこで、個人の家でセキュリティをするばかりでなく、「向こう三軒両隣」という地域ぐるみで、犯罪を防ごうという方策はどうだろう[fig.2-27]。

一人一人が地域に関心を抱けば、すぐに不審者を見分けられる。当然、それは犯罪者にとって

fig.2-27｜向こう三軒両隣をコンセプトにした集合住宅

都合が悪いことである。昔の八つぁん、熊さんが住む長屋は、とても安全な場所であった。狭い路地空間にまで生活が溢れ出てきて空き巣が入る余地などなかったからである。

このように、安全な街をつくるためには近隣の人々の付き合いを密にすることである。それにはまず、一軒一軒の住まいが通りに開き、生活の気配が道に溢れ出てくるようになってほしい。そして、挨拶はもちろんだが、その他に一言の会話が必要なのである。そうすれば、おのずと人との出会いや話し合いの機会が増え、お互いの生活の気配を感じることによって、人々を気遣う心が生まれるのである。それが真のコミュニティであり、そうしたネットワークが犯罪を防ぐネットにもなるというわけである。

2-9

ほどほどの規制と自由

過疎化に苦しむ町

日本の地方の町や村の悩みは、若者の人口流出による過疎化の問題である。この問題を少しでも解消するために、地方自治体は土地や住宅などの供給公社を設立して、休耕地などを宅地にして売り出すという施策が試みられている。

これは、ある地方中都市近郊にある人口約八千人の小さな町の話である。

この町も他の地方の市町村と同じく、以前から人口減少に悩む町の一つである。この町を仮に「H町」と呼ぼう。このH町も類に漏れず、こうした方法でいくつかの分譲地を売り出したが、思うように売れ行きは伸びない。価格も他の町よりも安く設定し、若い世代にも求めやすい配慮もした。しかし、それでも売れ行きは芳しくない。

この担当部署に配属になった役所の若者は、「自分の住んでいる町を住みよい豊かな町にするにはどうしたらよいか」真剣に考えていた。地元の女性と結婚し、四人の子供たちを健全に育てられる町であってほしいと願うのは親として誰でも抱く感情である。

彼と私たちがある人を介して偶然に会う機会があった。そのような話を聞いているうちに、彼の熱意に負けて、私たちは設計者として宅地の素案づくりをお手伝いすることとなった。そしてその後、素案検討のため実際にH町に訪れた。

その際に伺ったこの町の従来の販売方針は、「できるだけ安く、若者でも購入しやすい価格に設定すること」であった。そのため分譲する宅地面積も狭くなり、全体の分譲配置プランに対しての工夫も、環境やコミュニティに対する提案もなく、ただ漠然と碁盤の目状に宅地を分割したものであった。そうして売り出された住宅地を実際に見ると、殺伐としていて道を歩いても生活感に乏しく、住宅地としての魅力を微塵も感じることはできなかった。

住宅のスタイルをどうすればよいかというガイドラインは、あるコンサルタント会社に依頼し、全国同じような施策の報告書に倣ってまちづくりを行っていた。住民にとって守るべき規制は緩いものであったが、家以外の道や庭などの外部空間に対する規約も緩いものであった。そこに住むメリットも将来のヴィジョンも、何一つ手渡されたパンフレットから見出すことはできなかった。

人を呼び込むためのささやかな提案

素案づくりといっても、新しく売り出す分譲地の基本案はすでに完成していたため、大きな変更は不可能であった。幸いなことに、この住宅地の計画では公共の緑地を広くとり、さらに一戸当たりの宅地面積も広めにしてあった。この若者の直感ともいうべき決断の結果であった。そうした計画に対し、私たちはさらに次のような提案を加えた。

提案1——宅地は単なる商品として売るのではなく、将来にわたって健全な地域共同体として、住民が誇れるような具体的な町のヴィジョンを提示すること。

提案2——それらを実現するためにいくつかの規制を設けること。ときにはその規制の中にはヴィジョンを実現するために厳しい規制であってもよい。

提案3——分譲する際に、そうした町の将来像を実現していくため、規約の内容をよく理解してもらえるように説明を行う。

提案4——公社側としては、道路側に植える庭木を提供する。門塀を設けない代わりに、この町独自にデザインされた外灯と、表札が組み込まれた門柱を提供する。

(町並みの中に何か一つでも共通のものがあれば、連帯意識が生まれる。また、門灯はおざなりに電柱に付けられた水銀灯のような白々しい明かりでは街の道空間のよさが台無しになってしまう。各家々が温かい明かりで道を照らせば道行く人たちに心地よさと安心感を与えられる。)

提案5——公園の維持管理は最初の3年間は町側で行うが、その後は住民の手に委ねる。

（公園の清掃管理、そして樹木などが生育し間伐を行わなければならなくなれば、その間伐された材や落ち葉を暖炉の燃料にするか、たき火や住民総出の芋煮会などを行い、住民の連帯と自治意識を深めていく考えである。）

ほとんどはその熱意ある一人の若者の力だが、私たちもそうした素案づくりを手伝い、「その土地を買いたい」という人たちにただ売るだけではなく、まちづくりのヴィジョンやメリットを説明する講演会などを開くことを提案した。自分たちの抱いている住宅地のイメージやともに暮らすことの意味を直に伝え、理解してもらいたかったからである。

こうしたきめの細かい活動も、共通の住民意識を持つということと、少しでもよい住環境をつくるための大切な啓蒙活動である。これが「H町グリーンヴィレッジプロジェクト」の概要である。

あえてターゲットを絞る

そうした計画に対し、私たちにも不安がなかったわけではない。現に役所の内部では「規制も厳しく、価格（約15パーセント増）も高くなっては売れるはずがない」という意見も少なくなかった。

その他にもたとえば、私たちの提案する住宅地内の曲がった道は、車の走るスピードを軽減し、「人間が安心して歩けるよう人間優先にする」という意見に対し、彼らは曲がった道にすれば分譲宅地は不整形になってしまい、家を建てる人たちには不都合であり、真っすぐな道路にすれば、「車も走りやすく工事費も安価にできる」という合理的な考えであった。

ただ、いまの世の中はさまざまな情報伝達媒体が存在する。私たちは、この町近郊の住民だけを呼び寄せるのではなく、日本全国にこのまちづくりのヴィジョンに賛同し、移住してくれる人たちを対象にした。現在分譲されている全国の宅地の多くは、安いか、またはは交通の便がよいかを「売り」にしている、といってよい。だから、この層を購買のターゲットにした分譲地は山ほどある。

そこで、「H町グリーンヴィレッジプロジェクト」では、あえて競争相手の少ない購買層を狙ったのである。わかりやすくいえば、「顧客のニーズに合った商品を販売する」という手法ではなく、「こんなよい商品をつくりました。少し割高ですが素晴らしい住環境です。」という発想の商売である。

一見、リスキーに見えるこの手法は、論理的にはさほど難しいものではない。簡単にいえば、もっとも多い中間層を多くの業者が競い合うより、少数派だが少し上の層をターゲットにすれば競合する相手は少ないはずである。このターゲットとする層は価格が高くてもできるだけよい住環境に住んでみたいと考えている人たちで、市場に溢れているありきたりのマンションや既製の住宅に興味を持っていない人たちである。

しかも、空気や水がきれいで、高い美意識と公共意識を持った人たちとともに住みたいと思っている人たちを全国から40家族ほどを集めればよいと考えれば、驚くような数字ではない。住みよく健康的で美しい街なら、住む地域を問わない人たちは少なくないはずである。そこで担当者の若者は、インターネットでホームページを立ち上げ、全国にこのプロジェクトを呼びかけた[fig.2-28]。

はたして売れるのか

もし、こうした強いコンセプトやヴィジョンを持った不動産業者が宅地やマンションを開発してきたならば、わが国はこんな醜い街にはなっていなかったはずである。この担当者の若者は、「自分の住む町が誇れる町であり、子供たちが健やかに育ってほしい」という願いからこのようなヴィジョンを持ったまちづくりに共感し、町役場の一つの仕事として無難に片付けることはしなかったのである。

売り出して間もなく、日本全国から住みたいという人たちの反応があった。インターネットの情報伝達量の多さと影響力には驚かされる。

このとき、彼は顧客に対し、「H町グリーンヴィレッジプロジェクト」のコンセプトや規約も丁寧に説明し、理解を求めた。そして、私たちもこのヴィジョンに賛同してくれた人たちに対し、「美しく快適な町がなぜ必要か」を説明する講演会を開いた。さらに、分譲地の一画にモデルハウスを設計し、建てた。それは遠方から移住してくる人たちにこの地域の

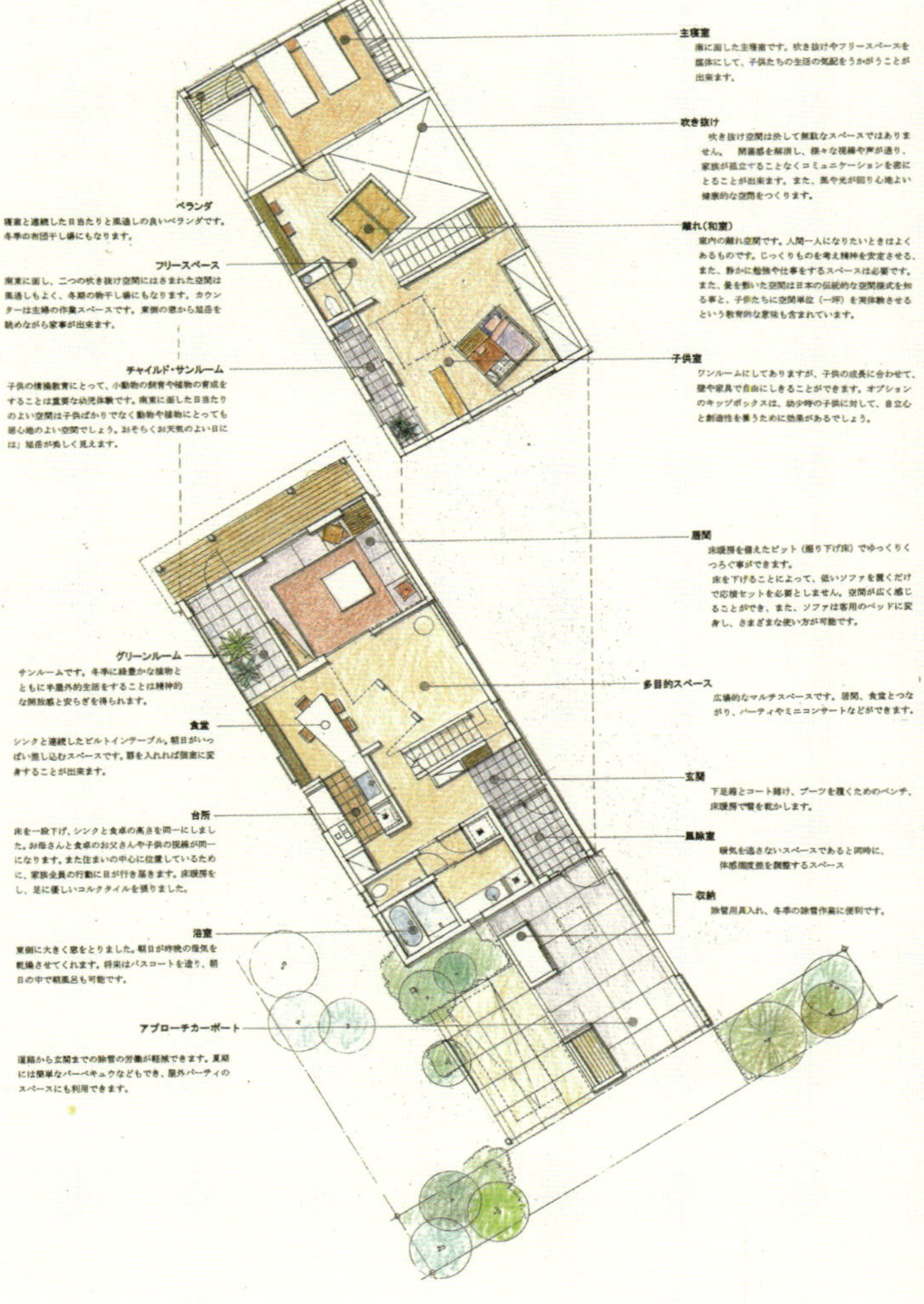
主寝室
南に面した主寝室です。吹き抜けやフリースペースを媒体にして、子供たちの生活の気配をうかがうことが出来ます。
吹き抜け
吹き抜け空間は決して無駄なスペースではありません。 閉塞感を解消し、様々な視線や声が通り、家族が孤立することなくコミュニケーションを密にとることが出来ます。また、風や光が回り心地よい健康的な空間をつくります。
ベランダ
寝室と連続した日当たりと風通しの良いベランダです。冬季の布団干し場にもなります。
離れ（和室）
室内の離れ空間です。人間一人になりたいときはよくあるものです。じっくりものを考え精神を安定させる。また、静かに勉強や仕事をするスペースは必要です。また、畳を敷いた空間は日本の伝統的な空間様式を知る事と、子供たちに空間単位（一坪）を実体験させるという教育的な意味も含まれています。
フリースペース
南東に面し、二つの吹き抜け空間にはさまれた空間は風通しもよく、冬期の物干し場にもなります。カウンターは主婦の作業スペースです。東側の窓から旭岳を眺めながら家事が出来ます。
子供室
ワンルームにしてありますが、子供の成長に合わせて、壁や家具で自由にしきることができます。オプションのキッズボックスは、幼少時の子供に対して、自立心と創造性を養うために効果があるでしょう。
チャイルド・サンルーム
子供の情操教育にとって、小動物の飼育や植物の育成をすることは重要な幼児体験です。南東に面した日当たりのよい空間は子供ばかりでなく動物や植物にとっても居心地のよい空間でしょう。おそらくお天気のよい日には」旭岳が美しく見えます。
居間
床暖房を備えたピット（掘り下げ床）でゆっくりくつろぐ事ができます。
床を下げることによって、低いソファを置くだけで応接セットを必要としません。空間が広く感じることができ、また、ソファは客用のベッドに変身し、さまざまな使い方が可能です。
グリーンルーム
サンルームです。冬季に緑豊かな植物とともに半屋外的生活をすることは精神的な開放感と安らぎを得られます。
多目的スペース
広場的なマルチスペースです。居間、食堂とつながり、パーティやミニコンサートなどができます。
食堂
シンクと連続したビルトインテーブル。朝日がいっぱい差し込むスペースです。襖を入れれば個室に変身することが出来ます。
玄関
下足箱とコート掛け、ブーツを履くためのベンチ、床暖房で雪を乾かします。
台所
床を一段下げ、シンクと食卓の高さを同一にしました。お母さんと食卓のお父さんや子供の視線が同一になります。また住まいの中心に位置しているために、家族全員の行動に目が行き届きます。床暖房をし、足に優しいコルクタイルを張りました。
風除室
暖気を逃さないスペースであると同時に、体感温度差を調整するスペース
収納
除雪用具入れ、冬季の除雪作業に便利です。
浴室
東側に大きく窓をとりました。朝日が昨晩の湿気を乾燥させてくれます。将来はバスコートを造り、朝日の中で朝風呂も可能です。
アプローチカーポート
道路から玄関までの除雪の労働が軽減できます。夏期には簡単なバーベキュウなどもでき、屋外パーティのスペースにも利用できます。

fig.2-28 | モデルハウスのプランとコンセプト説明用のチラシ

気候や生活風習を体験してもらうためである。そのモデルハウスで料理や手芸、庭づくりの専門家を招きセミナーを開催した。繰り返すが、こうしたきめの細かい活動は担当者の熱意と努力で行われたものである。

さらに、そうした啓蒙活動はホームページに載り、多くの人々の関心を呼んだ。もちろん、「自分の資産で建てる家に好き勝手ができないのは不満だ」「家の外観を派手な色にしたい」などという顧客もいなかったわけではないが、丁寧に断った。それは、「H町グリーンヴィレッジプロジェクト」のヴィジョンに共感し、遠方から移り住みたいという人たちを裏切ることになるからである。規則を守り、同じ価値観を持ち、美意識と公共意識を持った人たちの住む町でありたいからである。

結果的には従来の分譲宅地の多くが売れ残りを抱えている現状を尻目に、「H町グリーンヴィレッジプロジェクト」は完売した。ガイドラインに沿って家を建て、移り住んだ住民たちは家の中だけでなく、規約を守り、道路際には与えられた樹木を植え、それぞれ美しい庭をつくった[fig.2-29]。

人事異動

これで話が終わればめでたくハッピーエンドだが、現実はそう簡単ではない。この「H町グ

fig.2-29 | H町グリーンヴィレッジプロジェクト

リーンヴィレッジプロジェクト」は、第4期まで計画されていた。第1期が成功すれば、通常なら第2期、第3期も実行されるのが普通だが、第2期がはじまると同時に、担当者の若者に異動の命が下った。本人も私たちも納得しがたい人事であった。

たしかに公務員は一箇所に留まると、癒着が起き汚職が起きる可能性はあるだろう。それを防ぐための異動であることは理解できる。しかし仕事が道半ばで異動になってしまえば、仕事の性質によってはスタートラインに戻ってしまう事例もあるはずである。まさに、税金の無駄遣いというべき「お役所仕事」だが、今回のこの人事はこの典型的な例のように思えて仕方なかった。もちろん、私たちにはなす術もない。

つくづく役所というところは理解しがたいところだと感じる。失敗をせず、責任を負わず、仕事をしすぎないように努めていかなければならないという話を以前聞いたのだが、このとき、それを実感させられた。

その後、この部署へ移ってきた新しい担当者は、「H町グリーンヴィレッジプロジェクト」の第2期のプロジェクトを引き継いだ。しかし、自分が進んで計画したプロジェクトではないため、愛着が持てず型通りのお役所仕事に徹してしまっている。当然、ホームページの更新はずっと前から止まってしまっている。第2期の分譲地では、規約などが徹底されなかったため、住民同士にわだかまりや軋轢が起きているという。H町の上層部は取り返しのつかない間違いをしたのである。

Chapter 3

第三章

風土が育む住まいのスタイル

3-1

乾燥地に心地よく住む

葡萄棚の緑陰空間

タクラマカン砂漠周辺には、シルクロードのオアシス都市が点在している。「ウルムチ」「トルファン」「敦煌」などである。砂漠地帯であるから降水量が少なく寒暖の差が激しい。しかし、天山山脈の雪解け水が砂漠の下に水脈をつくり営々と流れていて、砂漠を何メートルか掘り下げると、水脈に当たる。そうして掘削した井戸を「カレーズ」という。この水の存在が緑を育み、人々の生活を支え、オアシス都市を形成してきた。

トルファンでは、緑の代表が葡萄である。

村々に近づくと日干しレンガで積まれた鳥籠のよう

fig.3-1 | 中国・トルファン近郊トイゴ村

fig.3-3｜トイゴ村の民家平面図

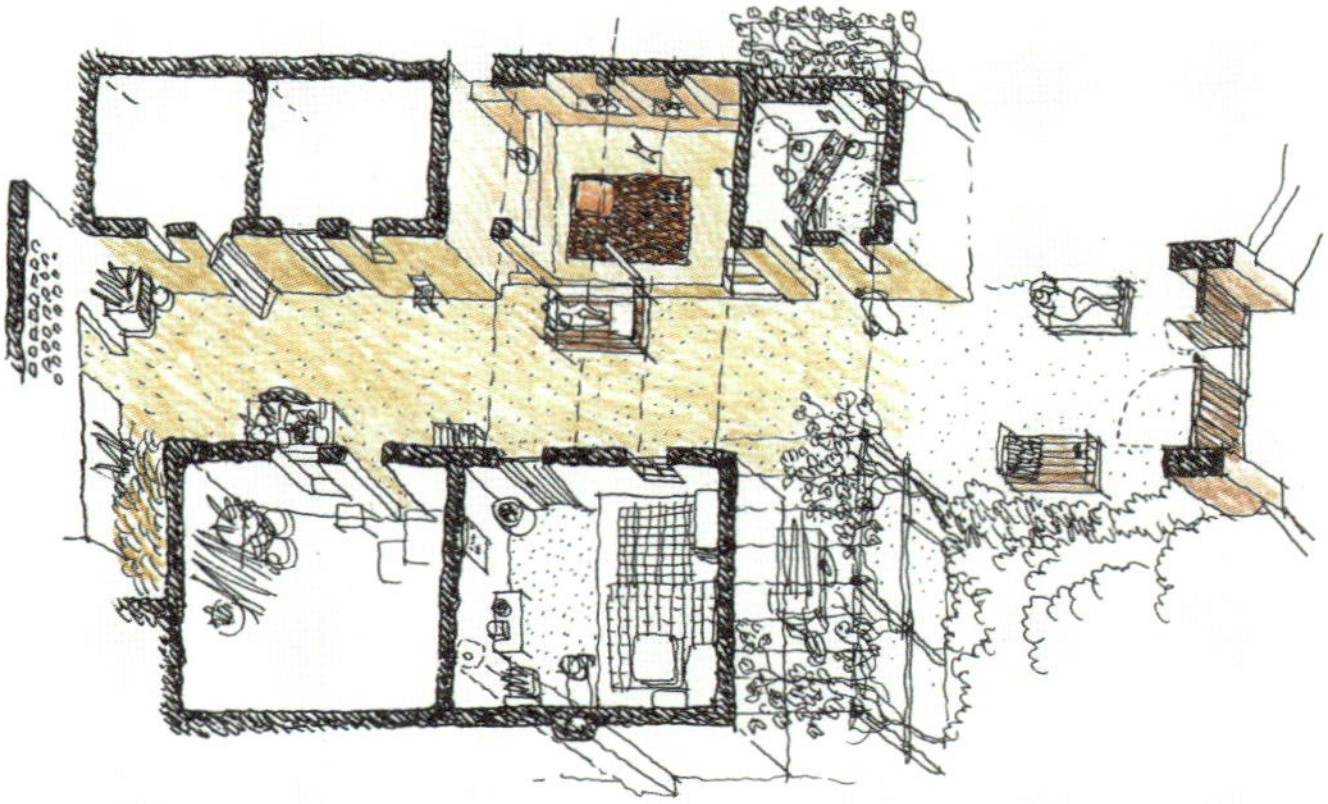

な建物が目に入る[fig.3-1]。これが葡萄を乾燥させる「涼房」という建物である。レンガが強い日差しを受け、上昇気流を発生させ、短期間で葡萄を干し葡萄に変える。余分なエネルギーを必要としない自然の乾燥室である。干し葡萄はトルファンの名産で市内や村の家々にも多く見られる。

村の家にも葡萄棚は欠かすことができない。ほとんどの家には中庭があり、その上に葡萄棚がかけられている[fig.3-2,3]。中庭にはベッドが置かれ、葡萄棚の下は木漏れ日の揺らぐ心地よい空間になる。ここはシエスタの習慣のあるこの地域では、欠かすことのできない昼寝の空間となっている。冬になれば葡萄は葉を落とし、日差しは庭や建物に直接当たり、建物を温める。この地方では葡萄は彼らの生活の糧であると同時に、環境にやさしい自然の冷房装置なのである。

そして、トルファン市内の再開発地域の中に、約30メートルもある広い

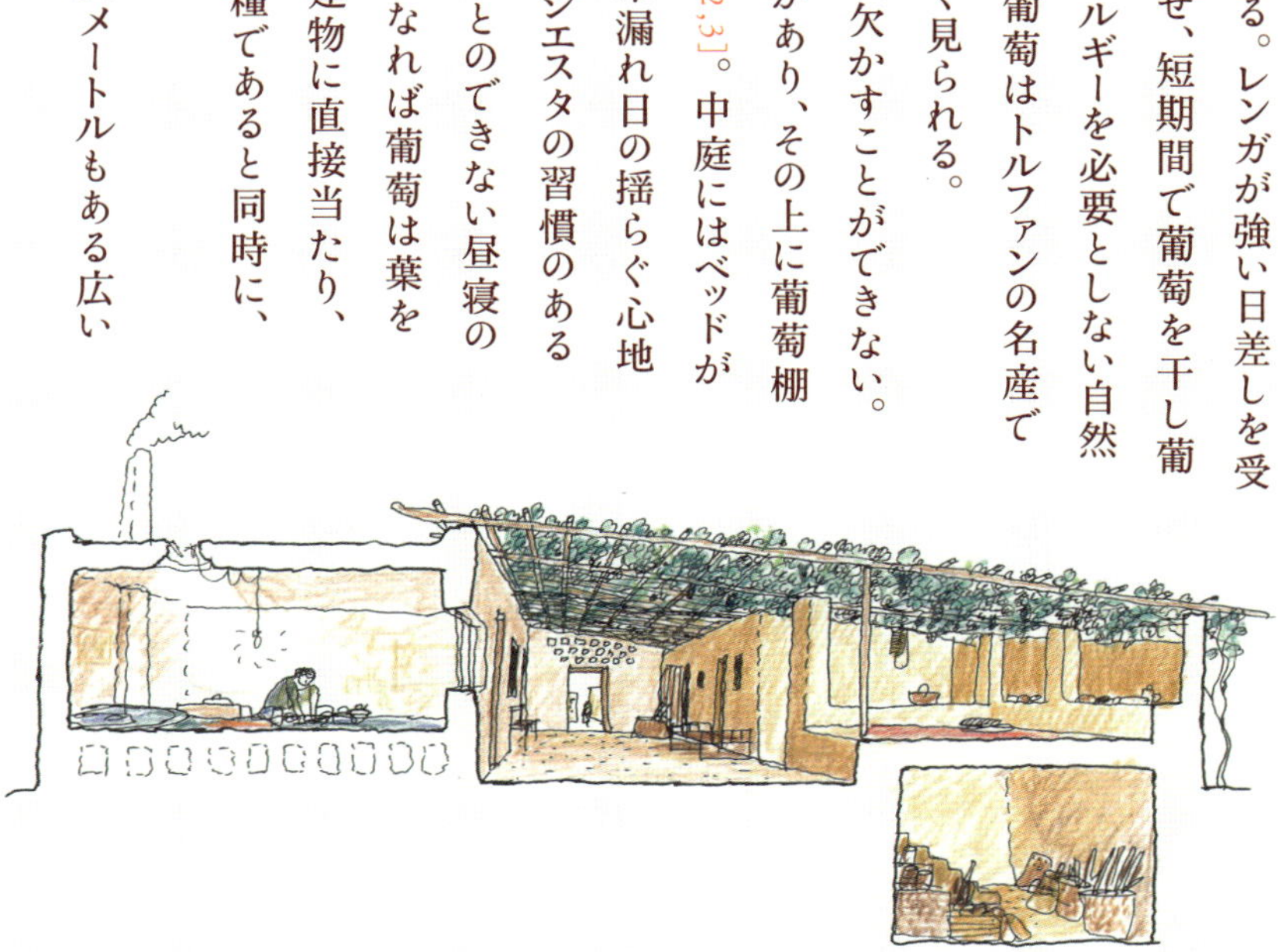

fig.3-2｜葡萄棚がかけられたトイゴ村の民家

遊歩道が建設されていた。その遊歩道の上に葡萄棚が設けられていて、さわやかな緑陰空間をつくっていた[fig.3-4]。

市民たちは暑い日中でもこの遊歩道で、ジョギングや散歩を楽しんでいた。私が中国のさまざまな開発事業を見た中でも、このトルファンの市中の葡萄棚遊歩道はもっとも優れた計画だと思っている。

このように葡萄ばかりでなく他の植物を利用することによって、暑さをしのぐための住まいづくり役立てることは、私たちの住まいにも大いに参考になるだろう。

fig.3-4 | トルファンの遊歩道

fig.3-6｜アイスランドの地中民家断面図

3-2

寒冷地に心地よく住む

アイスランドの地形に溶け込んだ家

人間は厳しい環境においても、さまざまな知恵と工夫を凝らし生きてきた。先人たちのたくましさに驚かされると同時に、敬意の念を抱かされる。

アイスランドは夏の最高気温であっても10度程度にしかならない、極寒の地である。冬季には気温がマイナスになることが通常だが、気温よりも強い風がさらに厳しい環境をつくり出す。暑さ寒さにかかわらず、地中は比較的気温が安定しているため、家を土で覆い地中と同じような環境をつくり出しているのが、アイスランドの古い民家である[fig.3-5,6]。

私たち人間は気温が下がれば、保温性のよい衣類に着替え

fig.3-5｜アイスランドの地中民家

fig.3-7 | 北欧の土を載せたログハウス

るか、もう一枚重ね着をする。同じように、アイスランドでは住まいも分厚い土と草の衣を纏うのである。両側の厚い石を積みの壁に木造の小屋をかけ、その上に草土を乗せる。まさに荒涼とした地形に逆らうことなく住まいが地形の中に馴染んでいる。「家が地形に擬態している」ようにも見える。

木造組積造のログハウス

北欧ではログハウスの建物が多いが、その屋根にも同様に土を置き、草を生やす屋根の民家を見ることができる[fig.3-7,8]。アイスランドの民家と同様に、草を生やすのは土が雨で流されないため、そして夏は強い日差しを遮り、冬は枯草が断熱材の役割をするのである。またログハウスを「木造組積造」と呼ぶように、木材を横に積み上げて壁をつくっていく構造で、木材の断熱性を生かした寒い地域に適している[fig.3-9]。

北欧のバルト海の東側にリトアニアという小国がある。そこの民家を見てみると、天井が意外に低い。暖房する部屋の容積を

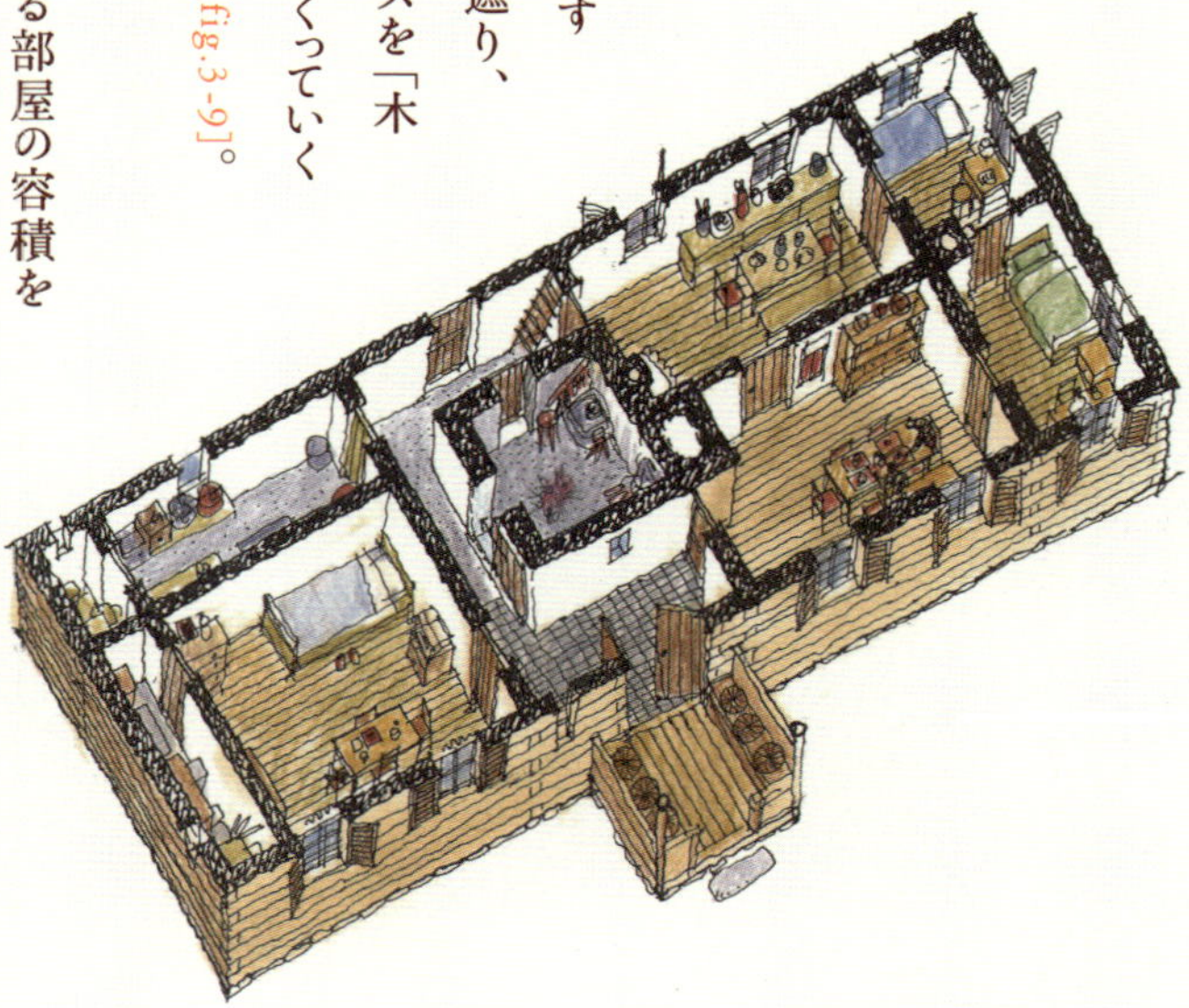

fig.3-8 | 北欧ログハウスの農家

fig.3-10｜北欧リトアニアのログハウス断面図

できるだけ小さくして暖房効果を上げる工夫である。また、厚い板の天井の上には干し草をストックしてある。干し草の収蔵と部屋の断熱のためである[fig.3-10]。間取りを見ると、いくつも暖炉がつくられている。それも二つの部屋の間にあり、しかも家の中央に位置している。これもできるだけ熱の損失を防ぐための知恵である[fig.3-11,12]。

さらに、ある夫婦が住んでいた家では、狭い一部屋の中にキッチンと食卓、ベッド、そして驚いたのは部屋の隅に浴槽が置かれていたことである。究極のワンルームのLDKBBである。最後のBBはベッドルームとバスルームだが、リゾートホテルにある部屋の片隅に洒落た浴槽を置き贅沢な非日常空間を楽しむためのものではない。それは、一つの部屋

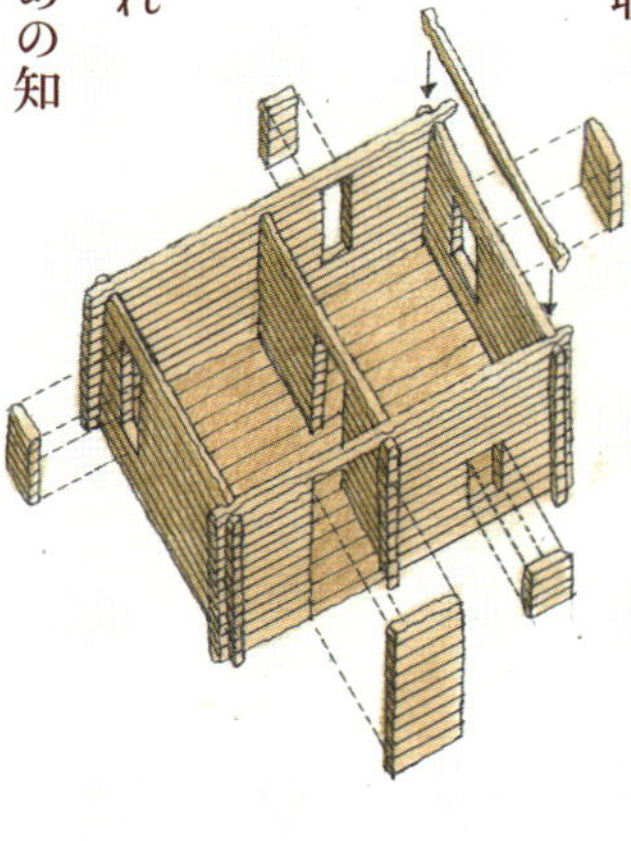

fig.3-9｜木造組積造

を暖房するだけで済むというエネルギー節約のためである。

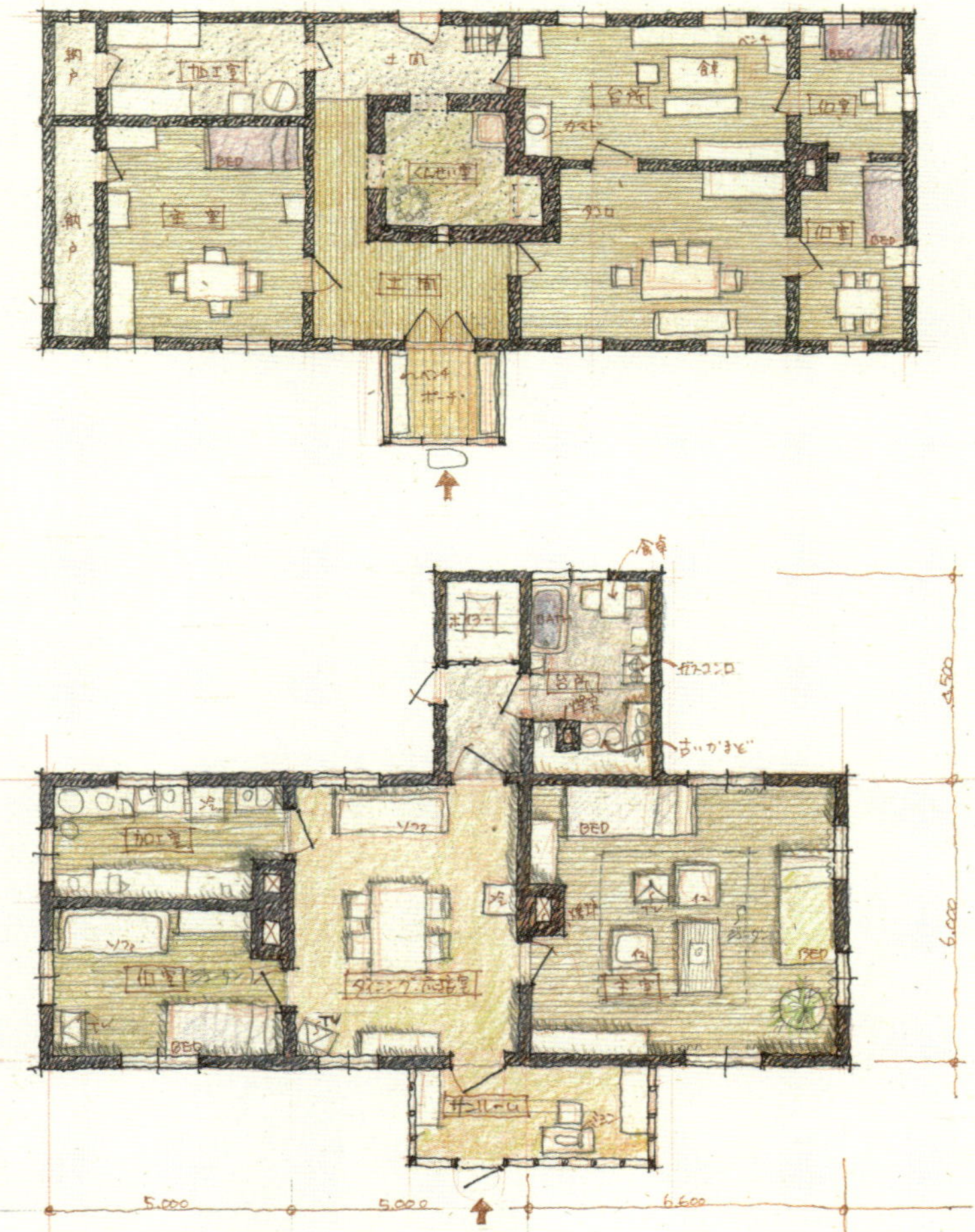

fig.3-11,12 ｜リトアニアの民家平面図

3-3

熱帯地での住まいのつくり方

床が地面より高い位置に設けられた住居を「高床式住居」という。わが国にはかつて、地面を少し掘り下げた「竪穴式住居」があり、また地面をそのまま生活空間とした「平地式住居」、そして時代が下がるにつれて徐々に床がつくられるようになり、住居全体に床がつくられるようになった。

稲作が行われていた弥生時代まで遡ると、食料を貯蔵する倉庫は「高床式」で、床下は人が入ることができ、作業ができるほどの高さがあった。村人にとってもっとも重要な建物が食料を貯蔵する高床式の倉庫であったから、集村はこの倉庫を中心に形成されていた。

床を高く上げる理由は、「湿度を避けられること」と「水害や害獣から大切な食料を守るため」である。だからネズミやヘビ、獣などがのぼることができない高さが必要なのである。

高温多雨地域では、「高床式住居」は安全性や快適性の面から見て、もっとも理に適った住居形式であるといえる。

fig.3-14｜タイの高床住居

高床式住居の三つのタイプ

目を世界に移し、高床式住居の分布を見てみると、主に熱帯や亜熱帯地域に多く分布し、高温多湿、多雨の気候と深く関わっていることがよく理解できる。

高床式住居は大きく三種類に分類できる。一つは、地面の上に建てられた「高床住居」。二つめは、川や海などの上に建てられた「水上住居」。三つめは自然の樹木を利用してつくられた「樹上住居」である。

1 —— 高床住居

東南アジアの熱帯地域で、地上の高床式住居を多く見ることができる[fig.3-13]。こうした高温多雨地域では、地面より床が高い方が台風などによる水害を避けるのに有利である。また、害虫や害獣の侵入を防ぐために適した構造であるが、夜間は安全のため梯子を外し

fig.3-13｜台湾・卑南の高床住居

ておくという。トイレなどの施設が不完全であるため、地上面が非衛生的になり、伝染病が蔓延しやすく衛生健康面でも平地よりも高床式住居の方が優れている。

タイのある地域では、高床式と平地式の住居が混在しているが集落を見ることができる[fig.3-14]。これは高床式よりも地上の方が生活しやすいためだが、衛生や居住性の点で平地式の住居から高床式の住居につくり替える村人が多くなっているという。

2 —— 水上住居

熱帯地域で快適な住環境を得る条件は、湿度と暑さをしのぎ、衛生的で健康的な環境を確保することである。その点で、水上はそうした自然条件を満たしているといえる。前に述べた高床式住居に、さらに「水」という魅力ある条件を加えた環境である。水辺をそよぐ涼風は熱帯地域ではこの上ない心地よいものになるに違いない。

ボルネオ島の西北端に位置するブルネイ王国の東シナ海沿岸、河口付近には多くの水上住居が現存している。それらの集落は樹木の枝葉のような形態で水上に浮かび、住宅

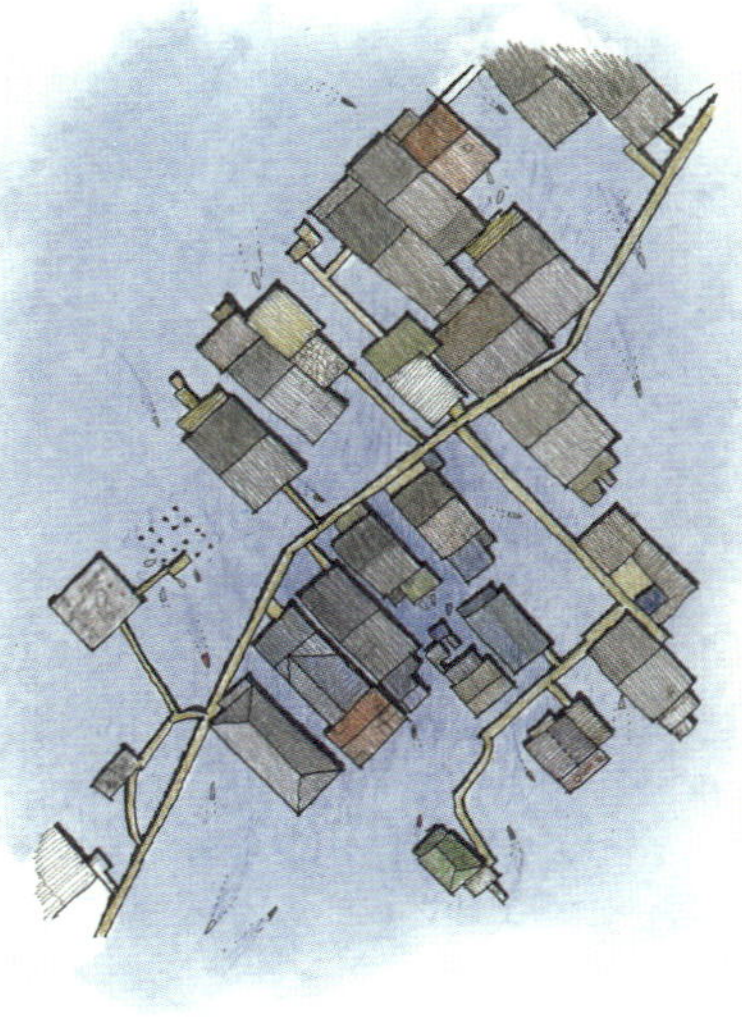

fig.3-15｜ブルネイ・ボルネオ島の水上住居

fig.3-16｜東南アジアの水上住居

ばかりでなく学校などさまざまな公共施設も組み込まれている[fig.3-15_17]。

飲料水は陸から栈橋沿いに水道管が設置されているが、トイレの排泄物は水上に直に落とされ、魚のえさや水の養分になるのである。そして、雨は床下の汚れた水を洗い流し、希釈する役割を担っている。一見環境を汚染しているようだが、実際は生態系の中で上手に循環しているため、大きな問題は起きていない。問題なのはどこでも同じだが、生態系に組み込まれない石油精製のプラスチック製品などのゴミである。

政府はこうした古い集落に住む住民たちを陸地に移住させる政策を採っているが、新しい集合住宅に移っても、再度水上住居に舞い戻ってきてしまう人も少なくないという。

こうした事例を見ると、彼らにとっては水上での生活の快適性はかけがえのないものであり、以前から続いていた生活風習と人々の緊密な関係がいかに大切かよく理解できる。

またモルジブやセブ島、グアムなどの観光地では、水上住居をホテルとした水上コテージに人気が集まり、地元の人たちに雇用機会を与え、生活の向上に役立って

fig.3-17｜アマゾンの水上住居

いる[fig.3-18]。水上コテージの客室は、私たちが日常では決して味わえないシチュエーションであり、自然の風や波の音に揺られながらのひとときは、都会にはない癒しの空間である。

3 ── 樹上住居

樹上や岩陰は、人間が原始的に住まいとした場所であろう。動物のように人間も樹上は敵に襲われにくい安全な場所の一つであった[fig.3-19]。

原始的な住居や棲家の重要な役割は、人間の命を守ることが第一義であった。命を落とすのは他の部族や民族から襲われる以外に、毒蛇や猛獣によって命を落とすことも少なくなかった。また、密林の中の地上は日差しも少なく、衛生的にもよい環境ではなかったから、病気になることも多かったに違いない。

パプアニューギニアの「樹上住居」は敵の襲撃から逃れ

fig.3-19｜パプアニューギニアの樹上住居

fig.3-18｜モルジブの水上コテージ

fig.3-20｜タイのロングハウス

るために、自然の高木を利用してつくられているが、現在では他の部族との争いもなくなり、樹上で生活する必然性も薄れてきている。

現代の高床式住居

床を高く持ち上げた高床式住居は、現在では「ピロティ形式」の住居と呼ばれ存続している。一階部分の全体または一部を吹きさらし、パーキングやアプローチまたは半屋外での非日常的な生活空間にするなど、高床の目的は従来とは異なっているが、ピロティ空間の使い方は現代の生活の中でもさまざまに応用できる。

また、タイやラオスにある「ロングハウス」といわれる高床式の集合住宅は、村民が一つの家族のようにともに暮らしながら、パブリックスペースと家族のプライベイトスペースがほどよく交差・交流できるようなプランになっている[fig.3-20,21]。

ベランダと広い廊下（パブリック）がY軸に通り、そこにX軸方向に家族の部屋（プライベイト）が直角に付随している[fig.3-22]。家族

fig.3-21｜ロングハウス断面図

数が増えるとY軸方向にワンスパン増築し、一家族の部屋数を増やすにはX軸方向に伸延していく仕組みになっている。増築の仕方もパブリックとプライベートの接続の仕方も明確でわかりやすい点がよい。

彼らの暮らし方を見ると、共同体を必要とするシェアハウスなどの計画に参考になるプランニングである。

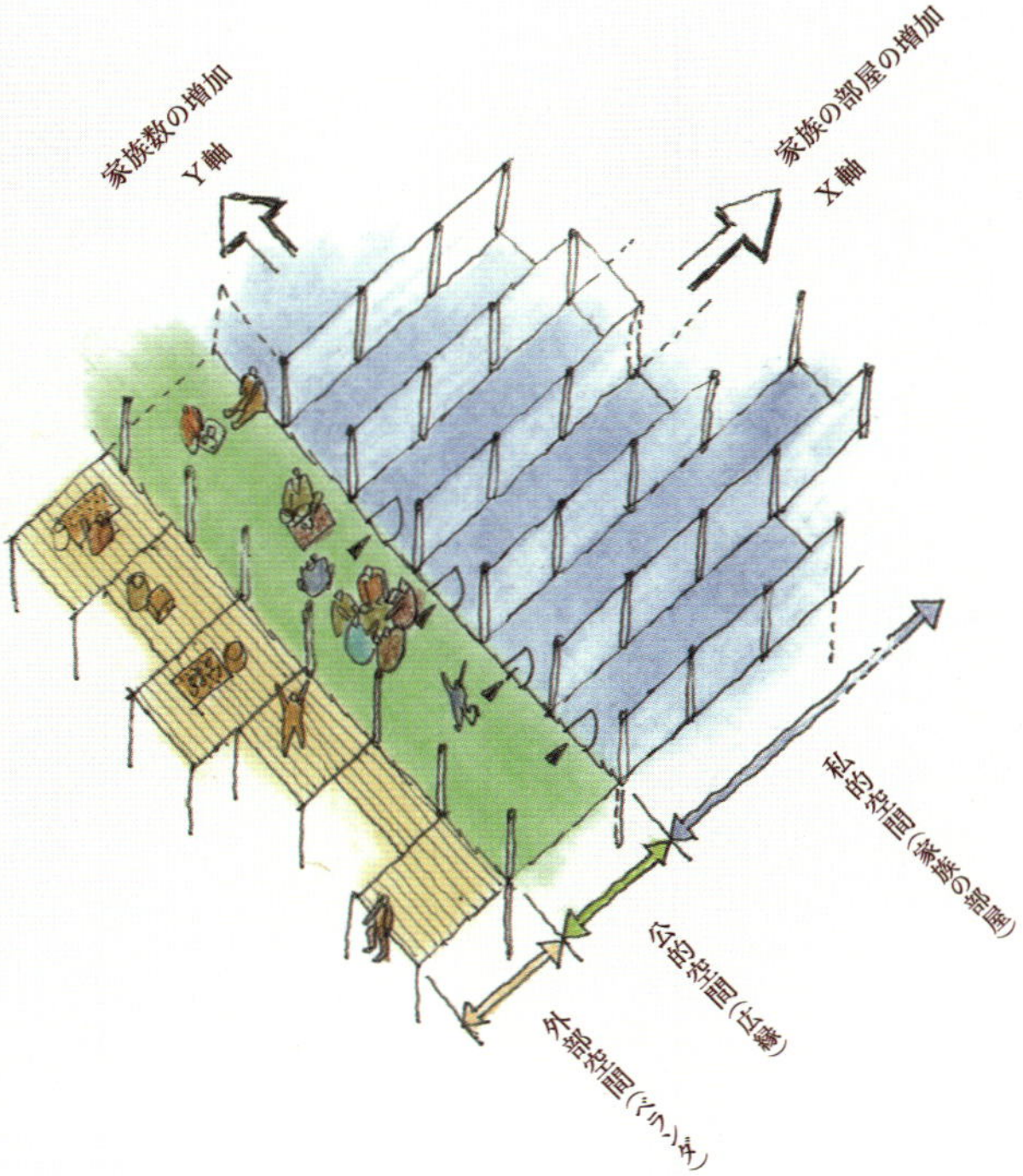
家族数の増加
Y軸
家族の部屋の増加
X軸
私的空間（家族の部屋）
公的空間（広縁）
外部空間（ベランダ）

fig.3-22｜ロングハウスの空間構成図

3-4

風をとらえる／風を受け流す

石垣と防風林

成りゆきの行動を「風任せ」というように、風は気ままで私たちには自由にコントロールできない自然現象である。しかし、快適な住環境を確保するには、通風は必要不可欠な要素である。ほどよい通風は暑すぎる気温を下げ、じめじめした湿気を取り去るのに役立つ。しかし強すぎれば、熱を奪い寒さを増大させる。しかも雨漏りや屋根を吹き飛ばすなど、住まいにとっては厄介な自然現象である。モンスーンや台風など、季節風の吹く地域では、住まいも強風に対応する形態になっている。

沖縄は「台風銀座」といわれているように、台風の通り道上にある。強い風を防ぐために石垣を築き、「フクギ」という種類の防風林を植えた。そして、「ひんぷん」といわれる壁が入口から見通せないように設けられている[fig.3-23]。「ひんぷん」は、悪霊が直接入れないように設けてあるのだが、風が直接家に吹きつけるのを防ぐのにも役立っている。

fig.3-24｜沖縄・西表島の民家

風の影響を強く受けるのは屋根である。気ままな方向から吹いてくる風を受け流す屋根の形は寄棟や方形の屋根が適している［fig.3-24］。

かつては草葺き屋根であった。その後、赤瓦で葺かれるようになったが、瓦の継ぎ目に防水のために漆喰を塗った屋根は沖縄独自の景観を形成している。

また、山陰地方の平野部や富山の砺波平野には「散居村」という防風林を背負った屋敷が点在していた［fig.3-25］。屋敷を構えるべき寄り添う山もなく、作業効率のため自らの田畑の近くに防風林で囲われた屋敷を構えたのである。

風を受け、風を起こす

タクラマカン砂漠の西方に「ウルムチ」というシル

fig.3-23｜沖縄の屋敷構え

fig.3-25 ｜砺波の散居村

fig.3-26｜イスラム建築の排気塔、fig.3-27｜インド吸気塔

クロードの都市がある。行ってみると高層ビルが乱立する近代都市になっていて大変驚かされた。

そのウルムチ近郊の古いイスラム色の強い集落に一際高く太い煙突のようなものが立っていた。煙を排出する煙突であると思っていたのだが、暑い地域ならではの「風を起こす装置である」と聞いて驚かされた。

イスラム建築の中庭には噴水や池がつくられている。そこを通って冷やされた空気が熱せられた排気塔が上昇気流を起こし、室内に冷えた風を導くシステムである[fig.3-26]。

パキスタンやインドも暑さが厳しい地域である[fig.3-27, 28]。風を受け止めて室内に風を取り込む吸気塔があった。四角い帆で風を受け止め、吸気塔から室内へ風を呼び込む。この地方は一定の方向から風が吹くため、こうした形式が可能なのである。自然の風土を知り尽くして考え出された仕組みである。

fig.3-28｜パキスタンの風取り入れタワー

3-5

身を守るための住まい

原始的な棲家

住まいの究極の役割は、「身を守る」ことである。それは主に人間や動物などの外敵から身と命を守ることを意味するが、それだけでなく住まいは暑さや寒さ、そして伝染病などからも身を守るシェルターでなければならなかった。現在は社会状況や治安が安定しているため、命を守るほどの強い防備をする必要性はなくなっただろうが、最低限セキュリティやプライバシーという軽い次元で、生活や環境を守る必要はあるだろう。命がもっとも大切なものと考えれば、それを守るためにかけるエネルギーは計り知れないほど大きなものになることはいうまでもない。

よく知られているのが、異教徒から逃れて秘境の地を住まいにした「カッパドキア」の人々である[fig.3-29]。奇岩の景勝地の岩に穴を穿ち、住まいばかりでなくワイン工場や家畜小屋、そして教会まで備えた巨大な地下都市を築いた。

同じく、チュニジアの「穴居住居」もベルベル人がアラブ人の侵略から逃れるために地下に隠れ住んだことがはじまりといわれている。穴に隠れ住むという生き方は動物的だが、もっともシンプルで効率的な手段である。

共同体で守る

こうした部族、民族の闘争や宗教上の争いによって、ユニークな住居形式が発生してきたが、原始的な共同体ができてくると、集村の周囲に堀を設けるなどの防備策を施すようになる。さらに古代や中世期になり、交易が発達し富を持つ者が増え、支配者層の権力が大きくなってくると、利権獲得のための争いが起きるようになる。

fig.3-29｜トルコ・カッパドキア

fig.3-30｜イタリアの山岳都市

イタリアの「山岳都市」や「城郭都市」といわれるような巨大な城壁を持った都市はこうして建設された[fig.3-30,31]。

城壁に代わる自然の地形を見出し利用すれば、合理的に防備性の高い共同体ができるはずである。その自然の一つが急峻な山である。イタリアをはじめ、ヨーロッパ諸国には中世期にこうした山岳都市が多く建設された。「チビタ・ディ・バーニョレッジィヨ」「カプラローラ」「オリビエト」「サン・ジミニアーノ」などである。

また、川が共同体の境目になっている場合が多いが、川を自然の要塞にした都市も少なくない。スペインの美しい古都「トレド」はタホ川がU字形に湾曲した先端部分に築かれている[fig.3-32]。タホ川が侵食した渓谷を城塞に利用した街である。こうした自然の地形がない平地では石垣を築き、堀を掘るなど、防護壁を築くしかない。

fig.3-31｜フランス・カルカソンヌ

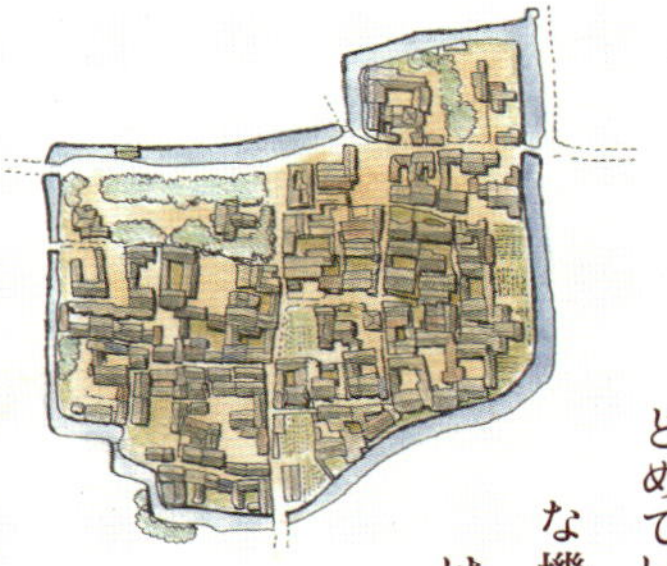

fig.3-33｜稗田の環濠集落

わが国にも一般庶民たちの住む集落の中で、集落の周囲に堀のある環濠集落が大和地方に存在おり、「稗田」は現在でもその姿をとどめている。堀はさほど強い防護的な機能を持っていないが、堀の水は干ばつのときに役立つという[fig.3-33]。

中国の福建省には円形または方形の形をした、「土楼」といわれる集合住宅がある。主に住民は一族で構成されていて、略奪などから守る役目を担っている。外壁は厚い土壁でつくられ、中央の広場には先祖をまつる祖堂があり、放射状に部屋が仕切られていて、一族の家族が住んでいる

fig.3-32｜スペイン・トレド

fig.3-34｜中国・福建省の土楼

［fig.3-34,35］。

強い壁や堀で囲われた中で住むことによって、物理的にも精神的にも、強い共同体意識が育まれたに違いない。市民や村民たちが規律を守り、協力し合わなければ生きてゆけなかったのである。

fig.3-35｜土楼断面図

3-6

自然に寄り添って住む

自然の巨石を利用する

私たちが広い平地を住宅地に選ぶようになったのは、そう昔のことではない。イタリアの「山岳都市」やトルコの「カッパドキア」の住居を見ても、決して居住環境はよいとはいえない。

人間がどのような住宅に住むかは、その土地の形状と深く関わってくる。斜面地に岩陰があれば、それを利用する。大きな自然石が転がっていれば、それに寄り添って家をつくる。その方がたやすく堅固な住まいができるからである。

それがここ、ポルトガルの「モンサント村」の住宅である[fig.3-36_38]。氷河期に運ばれた丸い巨石が無造作に転がっている地域で、それらの巨石を利用し住宅がつくられている。二つの丸い巨石の間に石を積み、屋

fig.3-36｜ポルトガル・モンサント村

fig.3-37 ｜ モンサント村

根をかける住宅は特異な風景をつくり出している。何よりも巨石の存在は地震や風などには強いし、建材も建てる労力も少なくて済む利点が大きい。

岩陰に寄り添う住まい

岩陰をそのまま住まいにしたのは石器時代の先人たちである。大きく張り出した岩を屋根代わりにすれば、そのままでも住まいになるのだから、なんとも自然で合理的な考え方である。激しい雨も強い日差しも遮ることができ、岩陰に寄り添うために建物を自立させる必要はないから建材も少なくて済み、しかも強固な住まいをつくることができる。

こうした岩陰を利用した住まいでよく知られているのは、アメリカの先住民の「プエブロ族」の集落である[fig.3-39]。ニューメキシコ州付近

fig.3-38 ｜ モンサント村

には、大地の浸食作用によって多くの岩陰ができている。それらをプエブロ族は利用し棲家にしてきた。

また、スペインの「セテニール」にも自然の岩陰を利用した住居群が存在

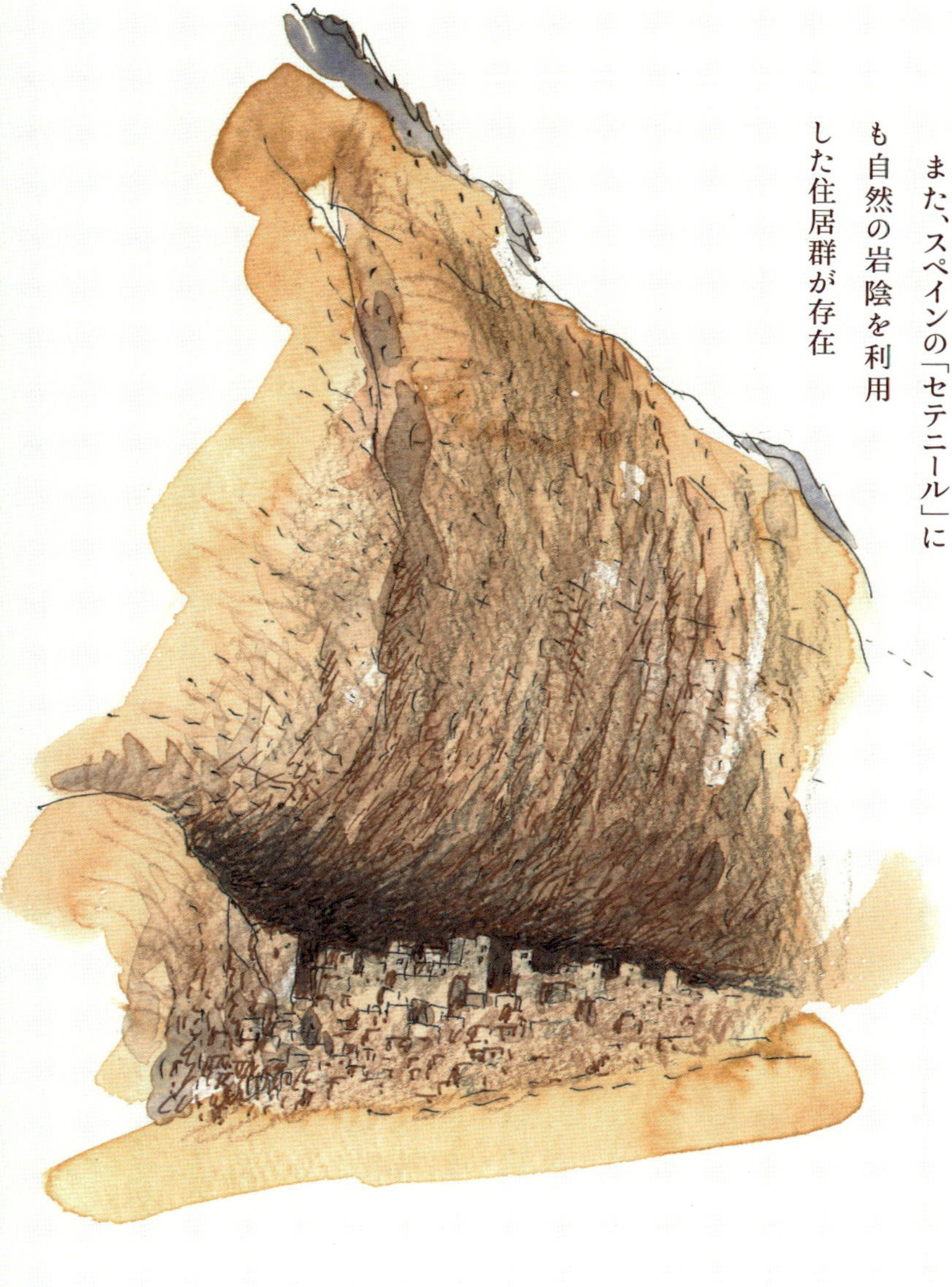

fig.3-39｜アメリカ・ニューメキシコ・プエブロ族の集落

fig.3-40｜スペイン・セテニールの岩陰住居

している[fig.3-40,41]。岩陰空間の特徴は上部、壁、床と三面を強固な岩で構築されている点である。雨風にも強く気温も安定している上、丈夫で性能のよい住宅であることは間違いない。

このセテニールの岩陰の住宅群は、ギリシャやイタリアの「マテーラ」(次節参照)のように空間を掘り進んで増築していく方法を採っていない。これは岩盤の固さと関係している。

セテニールでは断崖の中ほどに岩陰があるため、断崖の岩陰に沿って道路が走っている。面白いのはその道路を挟んで部屋を崖側へ増築していることである。いわば、中廊下式の住宅のプランの廊下が道路になっていると思えばいるため理解しやすい。家族の動線と公の道路が十字に交差しているため、人々の交流が頻繁に起きやすい空間構造になっている。

fig.3-41｜セテニールの岩陰住居断面

3-7

不毛の地でどのように暮らすか

木陰も岩陰もない不毛の大地で、人間は身を守り眠る場所をどのようにつくるのだろうか。考えられるのは、原野に暮らす野うさぎや小動物のように、地中に穴を掘って身を隠す方法しか思いつかない。私たちには馴染みが薄い地中住居だが、世界に目を広げれば、さまざまな地域にさまざまな形の地中住居が存在している。

地中に住まいをつくる主な理由は、「建材となる木や石が手に入らない」「気候が厳しい」などである。また地中は暑さ寒さに対して、「比較的安定した環境が得やすい」ためである。

ここで取り上げる穴居住居のタイプは、

fig.3-42｜ギリシャ・フェニキア

fig.3-44 | イタリア・マテーラ

「横穴式の洞窟住居」形式と、地面に穴を掘り下げそこから横穴を掘った「下沈式の穴居住居」形式の二つに分けられる。

1 —— 横穴式の洞窟住居

「横穴式の洞窟住居」は、主に地中海沿岸地域に分布している。地層が石灰岩で、自然の風化によって洞窟ができ、それを先人たちが住まいとしたのが起源である。

分布地域はギリシャの「ミコノス島」や「サントリーニ島」、「フェニキア」[fig.3-42,43]。イタリアの南端の世界遺産の街「マテーラ」[fig.3-44_46]、そしてスペインの「アンダルシア地域」などに多く見られる。

こうした街を外から見ると、斜面に建物が重なり合っているようだが、実は内部は洞窟の前面に建物が増築されて、このような景観を

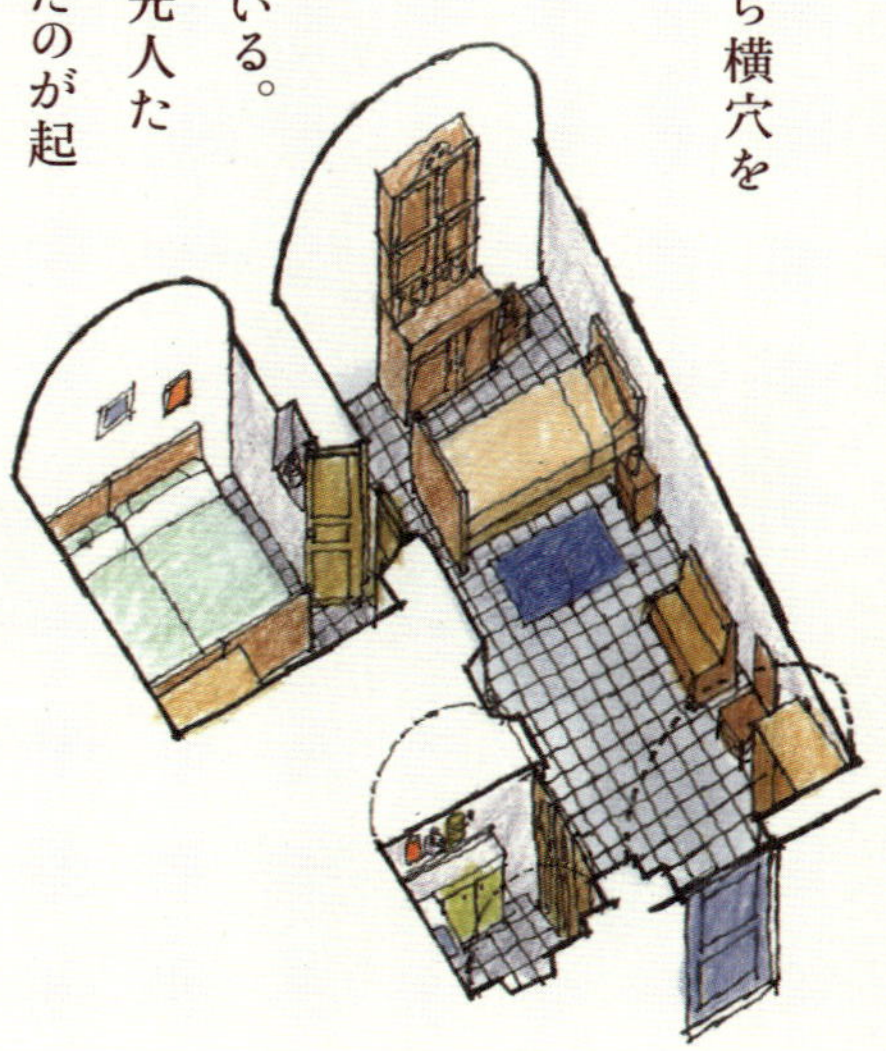

fig.3-43 | ギリシャ・フェニキアの洞窟住居

fig.3-47｜中国・西安近郊の横穴式ヤオトン

形づくっている。石灰岩は雨水によって風化しやすい性質を持っているが、比較的加工しやすいため、空間を増築していくのには扱いやすい岩石である。

また、中国ではこうした穴居住居を「ヤオトン」と呼んでいるが、この「横穴式ヤオトン」は川の浸食などでつくられた渓谷の崖地などに多く見ることができる[fig.3-47,48]。図のように、一方だけが横穴で、その他は日干しレンガ積みの建物で構成されているヤオトンもある。しかも「横穴式ヤオトン」の集合住宅は現在でも建設されていて、約四千万人の人たちがこうした住宅に住んでいるという。

敵から逃れる必要もなく、建材も手に入りやすくなった現在でも、こうした穴居住居が建設されている理由は、地中の方が安定した環境が得られやすいことと、建設コストが安いことが挙げられる。つまり、多大なエネルギーを消費しなくても生活していくことが可能で、建設にかかるエネルギー消費量も大きく節約できるためである。

fig.3-46
マテーラ・ホテルに改装された洞窟住居

fig.3-45
マテーラの地域断面図

fig.3-48｜横穴式ヤオトン断面図

2——下沈式の穴居住居

中国では「横穴式ヤオトン」とともに、「下沈式ヤオトン」も黄土高原地域に多くつくられている。平地に四角い穴が空けられているが、手すりもないが落ちる人はいない。一つの穴が一軒の家で、離れたところの入口から斜路をくぐり、中庭に出る[fig.3-49,50]。この中庭には井戸が掘られていて、四方または三方に横穴が掘られて、そこが台所や寝室になっている。

北アフリカのチュニジアの「マトマタ」には、中国のヤオトンと類似した「ダモース」といわれる穴居住居が存在している[fig.3-51_53]。この地域にはベルベル人が住み、「地上が死の世界、地中が生の世界」といわれるほど厳しい気候の砂漠地帯である。

二つの類似した穴居住居を見てみると、建材の調達も難しく、厳しい気候

fig.3-49｜中国・下沈式ヤオトン

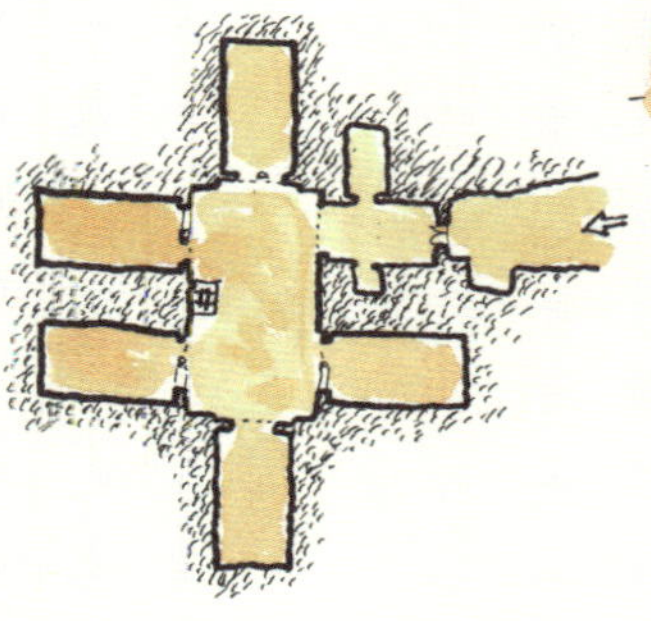
fig.3-50｜下沈式ヤオトン平面図

fig.3-51｜チュニジア・マトマタのダモース

などの条件では、誰でもが地中に住まいを求める道を歩むものなのかもしれない。

　現在、これらの地中空間は、人間が身を守り隠れ住む場ではなく、安定した環境である利点を生かし、観光のためのホテルやワインセラーとしての役割を与えられるようになっている。また、防音・遮音性に優れているため、さまざまな音楽やダンスの練習場として地下空間の需要は増えている。

fig.3-52｜マトマタのダモース平面図

fig.3-53｜ベルベル人の女性

Chapter 4

第四章

住むことは凜と生きること

4-1

祖母の家

「家は常に美しく片付いていなければならない。」

私の祖母の家は、粗末な茅葺き屋根の農家であった。暮らしぶりは豊かではなかったというよりは、貧しかったといった方がいい。子供の頃、母親に連れられて祖母の家をよく訪れた。記憶に残っているのは、屋敷に入る竹林横の小道が常に箒の目が見えるほどきれいに掃き清められていたことである。そして、狭い屋敷周りには柿の木やザクロ、葡萄、イチジクなどの果実の木がたくさん植えてあった[fig.4-1]。

一歩土間に足を踏み入れると、まず目に入るのは囲炉裏にかけられた鉄瓶の湯気と、きれいに掃き清められた土間、そして板の間は鏡のように磨き上げられていた[fig.4-2]。モノが散らかっていたり、鉄瓶の湯が沸いていないときの記憶はない。そして常に来客があり、賑やかであった。

いつも囲炉裏の鉄瓶に湯を沸かしておくのは、「不意の来客時にすぐ熱い茶が出せるため」という。それが「もてなし」というものだと教えられた。そんな祖母の心遣いのためか、薬売りや薬草などの買いつけに歩く行商人たちが祖母の家で昼食や休憩を取っていった。ちょうど母と私が祖母の家を訪れたとき、センブリという胃薬になる薬草を買いつけのため歩いている商人が縁側で昼食を広げているのに行き当たったことがある。

屋敷の周りのさまざまな果実の木は、ここへ嫁いできたときに植えたものだ。将来、子供や孫が訪れたときに土産として持たせて帰したかったためであるという。帰りには柿や葡萄を籠に背負わされて歩いて帰ってきたことも懐かしい思い出である。

fig.4-1｜祖母の家の屋敷周り

祖母は明治の初めに生まれ、昭和30年代まで生きた。母がいうには、あまり自分の身の上は話したがらなかったという。貧しさの中で自分の親もまともに知らないうちに里子に出され、年頃になると奉公に出されたという。本人も正確な年齢を知らず、学校にも行かせてもらえなかったから読み書きができず、子供たちにそれを教わっていた。畑仕事、食事の用意、掃除洗濯などの家事仕事、水道もガスもない生活の中で七人の子供を育てた。朝早くから夜遅くまで、いい尽せないほどの重労働であったと思う。

さらに、祖父との結婚は二度目といっていたが、私の母親は三度目であったのではないかという。それについてはあまり話したがらなかったというから、労苦があったのだろう。どちらにしろ、まさに波

fig.4-2｜祖母の家内部

乱万丈の人生であった。

当時、貧しい家の男の子供は丁稚奉公へ、女は女中奉公に出された。貧しさから生まれた「口減らし」の封建的な習わしであった。奉公先から我慢できず逃げ出す子供も少なくなかったが、逃げるに逃げられず苦労の末、奉公を全うした子供たちもいた。この奉公の風習《ならわし》はいたって封建的な制度で、いまの時代では経験したくてもできるものではないが、当時これも人間形成に役立ったに違いない。

こうして祖母の話を書いてきたのは、現在の私たちの生活と照らし合わせて考えたかったからである。

読み書きもできない無学な彼女が、「家は常に美しく片付いていなければならない。」、そして「さまざまな人が立ち寄ってくれる家でなければならない。」という優しい心をどこで育んだのだろうか。また掃除をすることも人を接待することも、あえて行わなくても済むことを面倒で大変なことと考えなかったのは、なぜだろうか。

私はいままで設計を生業にし、多くのクライアントとの要求を聞いてきた。これまでも述べてきたが、掃除をしなくてよい家がほしい、動くのは面倒だから階段の上り下りが少ないように、またできるだけ生活動線を短くしてほしい。庭木は手入れが大変だから必要ない。システムキッチンと玄関扉は友人が来た時に恥をかかないように豪華にしたい。モノが散らからないように収納スペースはたくさんほしい。

さぞかし、あれだけの収納を用意したのだから、すっきり片付いていると思って訪れてみると、以前住んでいた住まいと同様に雑誌や衣類が部屋中に散らかっていた。こうした家々を見るたびに、彼ら、彼女たちが生活に対しての美学もささやかな哲学も持ち合わせていないことに悲しい気持ちにさせられてしまう。

このような状況に出くわすたびに、祖母の生き様を思い出すのである。いえることは、無学な祖母がそのような人生哲学を学んだのは、高度な学業学問ではないことはたしかである。間違いを恐れずにいうならば、人に対する優しさは、貧しさを知り、挫折感や劣等感、そして辛酸をなめた経験から芽生えてくるものなのである。私はそう信じている。

4-2

質と量という価値基準

モノの価値は質と量で決まる

世の中には大きく分けて「安い／高い」「多い／少ない」という「量」の価値観と、「快適で、美しい」などという「質」の価値基準がある。一般的に質のよいものは高価である。そして、安いものに質のよさを求めない。ときに、安くてよいものもなくはないが、例外といっていい。質のよいものをつくるには、質のよい材料と手間と時間がかかるため高い信頼と値段がつくはずである。

家の価格の一つの物差しとして、「坪単価いくら」といういい方をする。家の価格をAという業者は坪50万円、Bという業者は坪70万円であるという。まったく同じメーカーの製品ならA社の方が安いが、家の場合はその判断は難しい。坪面積の量的判断材料だけでは、材料が何であるのか、設備のスペックなどの質の部分が不明なため、どちらが高いか安いかの判断は難しい。

よく耳にするのは、坪単価の安い業者に依頼したが、照明器具やエアコンは別途、吊り戸棚がつけられていないといった要望のすれ違いが起きる。これは質にあたるスペックや材質の明示が不明なためである。いわば、モノの本当の価値は「質と量」が明示されていなければ判断できないのである。

うまい話にはリスクがともなう

何年か前に、特別に安いマンションが話題になった。それが手抜き工事の欠陥マンションとしてニュースになった。また激安の建て売り住宅を買ったら、間もなく家が傾いてしまう欠陥住宅であったという話を聞くたびに、そのような物件を買い求めた人たちに同情するが、世の中にはそううまい話が転がってはいないことも知ってほしい。

一生でもっとも高い買い物である家を求めるときに、こうしたリスクは避けた方が賢明である。特別安いものはそれなりの理由があるし、高価なものは外形は似ていても見えないところで構造的に強く、材質でも良質な材を使っているために値段がかさむことになる。この当たり前の理屈が崩れては市場原理が成り立たない。

4-3

賢いクライアント

建築家の職能

家を手に入れる方法はいくつかある。建て売りを買う。ハウスメーカーの家を買う。または建築士に設計を依頼する。手段はさまざまあるが、ここでは建築士に設計を依頼するケースに絞って、上手な設計の依頼の仕方について述べてみたい。あなたが建築士に家の設計を依頼すると仮定するとしよう。

まずはじめに、あなたは自分の好みの住宅を設計している建築士、または設計事務所を探すことからはじまる。いまはネットの時代だから建築士たちのホームページを探し当てるのは難しいことではない。

そして何人もの建築士、いくつもの設計事務所の中から候補を選び、これぞと思う建築士にメールや電話で連絡を取る。そして、話し合いの末にあなたの夢を叶えてくれそうな建築士を選ぶことになる。

このとき、くれぐれも設計料が安いというだけで選択をしてはいけない。それは建築士や設計事務所の得手不得手、また設計やデザインの能力、仕事の内容に大きな差があるからである。二、三度の打ち合わせで間取りと外観を決め、確認申請の図面数枚を描くだけの建築士と、いくつもの案を練り互いが納得がいく案ができるまで時間をかけ、百枚を超える設計図をきちっと描く建築家を一緒に評価することはできない。

そして、彼らの作品を見て、気に入った建築士と面談をして、彼らの建築に対する考えをよく聞くことである。このとき、自分の要望をすべて叶えてくれる建築士が必ずもよい建築士とはいえない。いくつもの要望に対し、きちっと実現すべき事項は実現する。また無意味な要望に対しては、はっきりダメだという建築士の方が信用できると思う。

紆余曲折を経て、あなたはある建築士に設計を依頼することになったとする。設計を進めて行く過程で、お目当ての建築士があなたの無理難題な要望を素直に聞いてくれ、自分好みの家を設計してくれたなら、あなたはよい建築士に出会えたと幸運に思うに違いない。

しかし、本当に優れた建築士は、ただクライアントの要望を設計の中に組み込もうとする以前に、その要望が本当に必要であるのかどうかを精査し、不必要なものや無意味な要望は排除し真に必要なものに加え、自らの専門的な知識と経験に立った考えを提案するのが真の専門家である。私たちは、こうした建築や環境に対して深い造詣を持ち、独自な思想や哲学、芸術的スキルのある人たちを敬意の念を込めて「建築家」と呼んでいる。

したがって、ときにあなたの好みの考え方やデザインではないものを提案されることも、またいくつかの要望は叶えられないこともあるに違いない。おそらく、それは専門家としての見識によって取捨選択された結果であって、そうしてできた住まいは、現在だけでなく将来にいたっても住みやすく、環境によい家として存続していくに違いない。

誰もが自分の要望に合った家を実現したいと思うことは悪いことではない。自分の要望を叶えてもらうために専門家の力を借りることも悪くはないが、もう一歩考え方を進めて、自分では想像できない素晴らしい空間を持った家で暮らそうと考えるのも、一つの方法である。専門家の考えや提案を聞く耳を持って、それらの提案に納得がいくならば実現してみてはどうだろう。そうすればあなたがイメージしていた以上の家に住むことが可能かもしれない。

建築はハンドメイド

建築の工法も建材も建築の施工は大きく変わった。そのために、貴重な伝統工法も職種も失われていく。

その代表的な職業が左官である。コテ一つで壁面を平滑に仕上げる。また、いくつもの工程を経て行う作業のため、労力と時間を必要とする。しかし、自然素材でありかつ手作業であるから、ときに熟練した職人でも微妙な不陸やひび割れなどが起きる。

それは手づくりの味であるのだが、現在ではクレームの対象になる。したがって、内壁は安価なビニールクロスに代わられてしまうことが多い。ビニールクロスは表面にエンボス加工や模様をプリントして傷などが目立たないようにしてある。従来からの左官やペンキ仕上げはクレームの少ないビニールクロスに取って代わられた。

わが国の貴重な建築文化財は、この左官の仕事なしでは存続していくことはできない。職種が経済的理由で淘汰されてしまっては伝統も途絶えることになる。

建築は電化製品や自動車などの工場生産品と違って、原則手づくりである。左官の仕事のわずかな不陸やタイル目地の不揃いは手づくりの味であり、使い勝手に支障がなければ許容範囲だと、昔の人は思っていた。

左官ばかりでなく、建設業界の中には多くの経験を積み重ねていかなければ一人前になれない職種がたくさんある。いままで多くの職人たちと仕事をしてきたが、手抜きをしようと思っている職人に私は出会ったことがない。仕事の中で多少の間違いや技術の差はあるにしても、皆よい仕事をしようとする人たちである。家を建てることは、一方でこうした職人を育て、技術を継承していく役割もあることを私たちは忘れてはならない。

「大切に住みます。」

私は長い期間設計に携わってきたが、あるクライアントとのことが忘れられない。そのクライアントを仮に「佐藤さん」と呼ぶ。

彼女は60歳代、ご主人は大手商社マンであったが、若くして亡くなった。現在住んでいる古くなった家を建て直して、一人息子と同居する家を建てるということで設計の依頼が来た。彼女は夫の仕事柄海外生活の経験も長く、そんなことも影響してか、世界を旅することが好きだった。広い視野を持った品のよい魅力的な女性で、大変温厚な性格である。

設計もスムーズに進み、いよいよ着工の運びとなった[fig.4-3,4]。大方の現場ではいざ工事に入ると、少なからず近隣の方々からクレームが来る。工事車両の出入りや騒音など、どんなに注意しても周囲の住民に迷

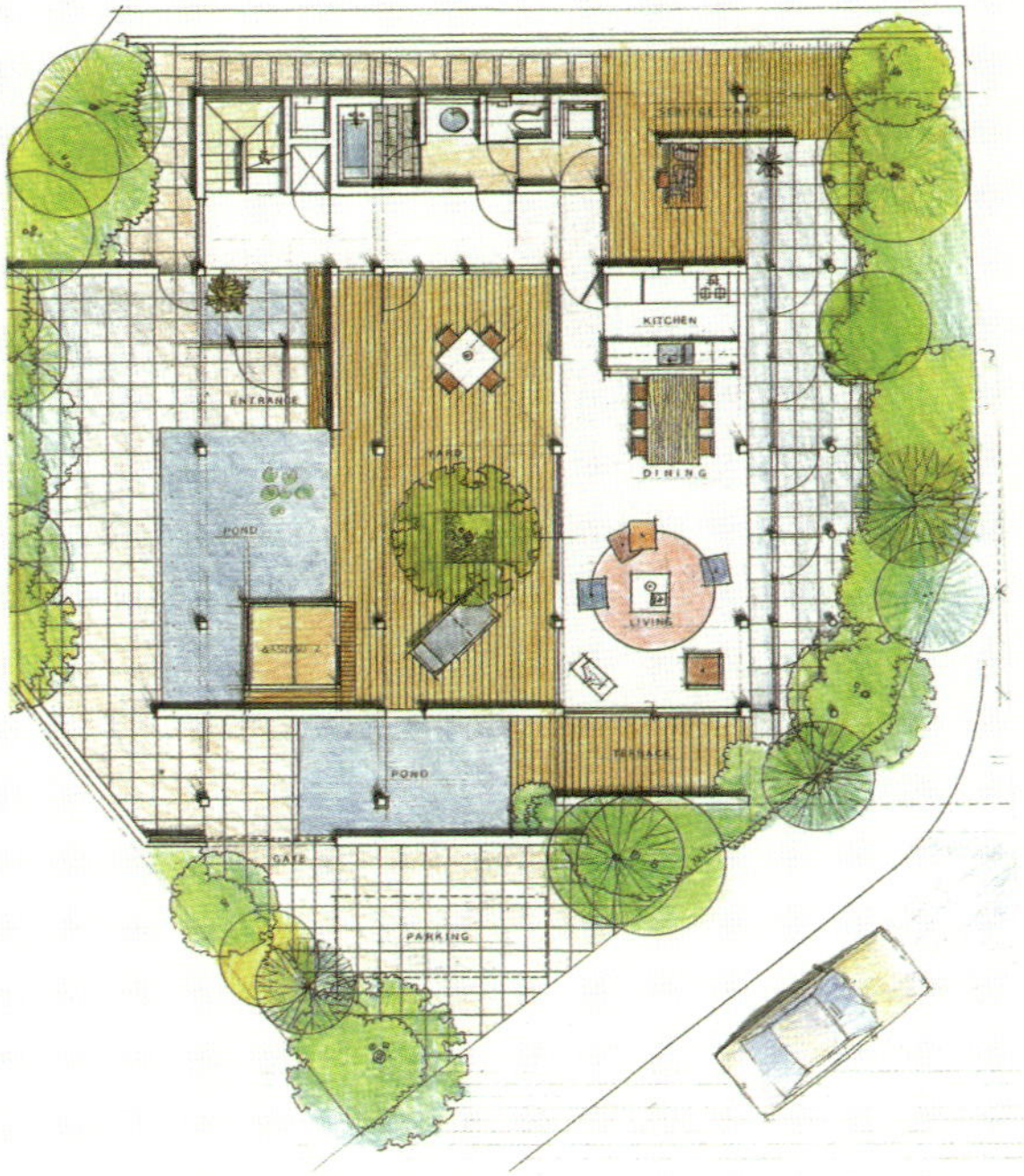

fig.4-3｜中庭と池のある家

惑をかけることは避けられないからだ。

しかし、佐藤さんの工事だけは近隣から苦情が一切出なかった。工事業者としてはこんなありがたいことはない。これは彼女の日頃の近所との良好な関係を築くことを心がけてきたことが強く影響している。いままで、近所で家を建て替える際も、迷惑なことがなかったわけではないが、お互いさまという気持ちで接してきたし、工事前の丁寧な挨拶など近所の人たちに好印象を与えた。

かつて、工事の際は建て主が職人たちへ茶菓子を用意する慣わしがあった。最近はこうした慣習は薄れてきたが、ときどき佐藤さんは茶菓子を持ち、職人たちを労うために現場へ足を運んだ。職人たちも彼女から丁寧な礼の言葉をかけられれば悪い気はしない。よい仕事をしようと思うのが職人気質というものである。

竣工すると、施主の最終検査を行って建物を引き渡す。この竣工検査のときも彼女は仕事の不具合を見つけ出すのではなく、業者や職人たちへの労いの席を用意した。

「皆さんがよいと思っていただいているのだから、よいと思います。ありがとうございました。大切に住みます。」という彼女の言葉で、気持ちよく引き渡しは終わった。

その後も、業者は近所を通るたびに彼女の家を訪れ、不具合はないかを訪ねるのが習慣となった。業者もいつも快く迎え、感謝の気持ちを述べる彼女の家は特別な建物になり、自然と足が向く。

また、台風が来れば、「大丈夫ですか」と業者から連絡が来る。現場を担当したものの責任であり、気持ちよく仕事をさせてもらった職人のお礼の気持ちだと、私は思う。建築家はモノを買うように、工事金額を支払ってしまったら、それで終わりではない。建築はメンテナンスが必ず必要だし、増築や改装もある。工事業者は家の隅々まで知り抜いている。何かあれば間違いのない正確な手当てができるし、工事金額も安くなるはずである。

こうして見てみると、佐藤さんのように工事業者や職人とのよい関係を保つことが、住みよい家に長く住むことができるコツでもある。

fig.4-4｜道に開いた住宅

4-4

私たちは地方から教えられた

学生が集落から学ばせてもらった時代

1960年代から1980年代にかけて、集落を調査する「デザインサーベイ」という調査研究が盛んに行われていた。その調査は主に大学で建築を学ぶ学生たちが、地方の村に滞在し、地元の人たちと生活をともにしながら、家々の間取りと集落の形態などを実測し、それを図面化する調査手法であった。

そうした図面化した資料を分析することによって、適切な隣家との関係や共同体のあり方などを解明することができた。調査は大学生が他人の家に入って間取りを実測するため、村人たちの理解と協力が不可欠であった。

当時の村人たちは、「勉強の役に立つなら」と学生たちを快く迎え入れてくれた。また、学生たちも都会とは違った生活と風習などを彼らから教えられた。特に、都会では失われてしまっていた人と人との密接な関係を目の当たりにし、その大切さを実感した。

その後、調査の成果である論文や掲載された雑誌を持って礼に訪れると、自分たちの村が調査の対象となったことを素直に喜んでくれ、自分の村のよさを再認識することができた。学生たちが村の人たちに対して行ったささやかな恩返しであった。

その後、大学の政治闘争などで大学生のイメージは大きく変化したことと、都市化とともに情報が発達すると、プライバシーの概念が一般の人たちに深く浸透していった。この調査研究は、村人と学生、両者の信頼関係の上に成り立っている。急激な地方の都市化の流れは、地方のよさと都市の長所がベストミックスされる間もなく、地方は都市化の波に急速に飲み込まれてしまった。その結果、このような調査かわが国ではできにくい状況になってしまった。残念だが、学生たちは生きたコミュニティの形態を学ぶ貴重な機会を失っていった。

もう一つの教育的意味

この調査の意義は研究調査ばかりでなく、もう一つ大切な教育

fig.4-5｜馬篭峠宿・家屋立面実測図

的意味を持っていた。

大学の授業において、通常、学生の成績のほとんどはテストや課題の出来によって評価される。いわば、ほとんどがデスクワークでの評価といってよい。しかし、人間の評価される能力はそれだけではないように思う。

「デザインサーベイ」という調査は、地方の村で寝泊まりしながら調査をしていかなければならない[fig.4-5,6]。ここではむしろ、村人たちに村人とよい関係を築くことによって信頼を得なければ調査の目的は達せられない。村人たちに調査の主旨をきちっと説明できなければ、信頼は得られない。それには人柄や笑顔がなければ、心を開いてはくれない。テストでの解答用紙には正しい解答だけが必要で、笑顔は評価されない。しかし、人と人との話し合いにおいては、人の表情はとても重要な要素で、笑顔だけで信頼されることも稀ではない。また、挨拶をすること、調査の協力に対して感謝の気持ちを伝える礼は欠かすことはできない。若い学生たちが調査を通して礼節を学ぶよい機会でもあった。

さらに、デスクワークの苦手な学生でも、一つ特技がとても役立つこともあった。たとえば、高いところに登るのが得意な学生は高い木に登り、集落全体の貴重な俯瞰写真を撮ってきたし、中華料理屋の息子は食事係として調査には欠かせない人材であった。

彼らは、教室内ではまったく評価されない特技であったが、「デザインサーベイ」という調査では欠かせない存在であった。こうした教室内では評価されない人間も社会の中では、

fig.4-6｜馬籠峠宿・屋根伏実測図

自分の存在価値を気づかせてくれたのである。これによって、救われた学生がどのくらいいたことか計り知れない。

快適な住環境とは、住民たちが良好な関係を築きながら、安全で健康的な暮らしができる街である。こうした住環境の仕組みや形態などを探求する学問の分野が、「デザインサーベイ」という調査研究である。

巨大化した都市では、さまざまな要素が複雑に混淆しているため、共同体に必要とされる本質を分析することが難しい。プリミティブな形態の村落の方が基本となる要素が少ないため、必要とされる本質が何であるかを分析・解明しやすいのである。

かつて、地方の村落は、都市よりもすべての面で遅れているというイメージを持たれていた。だから、地方は常に都市になることを目指していた。その結果、自分の住んでいる田舎、すなわちスモールコミュニティのよさを見失ってしまった。

実はシンプルな形で存在している田舎こそ、私たちがコミュニティの本質を知る上で、大切な教科書なのである。それは、都市化の中で失ってしまったものが何であるか、またなぜ失われたのかをスモールコミュニティは教えてくれるからである。

fig.4-7 | 大内宿

fig.4-8｜農家の入口付近の便所と風呂

はじめてバスを見た

日光から会津へ抜ける旧街道の一つである「大内宿」が脚光を浴びた。1960年代で、わが国がオリンピックや万博など近代化の道を歩んでいた時期に、古い形態をそのまま残していたからである。その貴重な大内宿の状況を図面化するための調査を見学に行った。

細く険しい山道をマイクロバスに揺られながら、やっとの思いで辿り着くと、まさに時代劇のセットのような宿場が目の前にあった。街道筋の宿場だが、道を挟んで両側に寄棟の茅葺屋根の建物が整然と並んでいた[fig.4-7]。子供たちがバスに走り寄ってきたが、「バスを見るのははじめてだ」という。

調査を行う学生たちは村人の家に二、三人で分宿させてもらうことになったが、見るもの聞くものすべてが驚きの連続であった。たとえば、トイレは家の玄関先に設置され、低い囲いだけ。風呂は土間の片隅に置かれた据え風呂で、もちろん囲いはない[fig.4-8]。こうした現実の生活を学生たちが体験し、理解することも勉強であった。

早朝、集落の道の両側を流れる小川は、洗

面をする村人たちで賑わう。もちろん、学生たちもともに小川の水を使うのだが、上流の村人は下流の人たちの使い方に配慮しながら、また下流の人たちは上流の様子を見ながら水を使う。互いに気遣いをしながら生活することが、共同体を営む上で欠かすことのできないコミュニケーションなのである。

学生たちは調査をしながら、いままで見たこともない生活風習に戸惑いながらも、共同体の基本となるべきものが何であるかを、実体験を通じて一つ一つ学んでいった。当時の地方は都会にはないものをたくさん残していたのである。

少年から教えられたこと

ある日、仲よくなった子供たちから「魚を取りに行こう」と誘われた。彼らは、釣り竿や網などの魚取りの用具を持っていない。「どうするのか」と思って見ていたが、川に入り両手で川底や茂みの下を素手で探っていたが、間もなく魚を手掴みにした。いつもこうして魚を取るのだという。夕食時に都会っ子である学生たちにこの話をすると、たちまち彼らは学生たちの羨望の的になった。彼らは少し恥ずかしそうであったが、誇らしげでもあった。彼らにとっては魚の手掴みなど当たり前のことだが、都会人には驚きの技に映ったのである。

翌日、今度は「鶏の卵を探しに行こう」という。放し飼いの鶏が適当なところで卵を生む。それを探しに行くのだそうだ。ある納屋の中に入ると、藁やムシロが積んである。薄暗い中を探し歩いていたが、やがて両手に卵を持ってきた。その新鮮な卵は夕食時に食卓に上ったが、その美味は忘れられない。

彼らは生態系を知り尽くし、自然と遊びながら生活を楽しんでいる。決して便利なモノの恩恵を授かることはできないが、それにも優る自然という贅沢な環境の中で生活しているのである。その後、「大内宿」は観光化され伝建地区に指定され、美しい佇まいを残しているが、昔のような生活は見ることも学ぶことも少なくなった。

一方、調査に参加した学生たちは、貴重な調査資料を残して社会に出た。その経験を生かし、地方の村おこしやまちづくりの仕事に従事し、大きな成果を上げている。彼らは学生時代の調査と地方での生活の体験から学んだことを通して、現在においても村人との話し合いや計画のアイデアを練る上で役立っている。

fig.4-10｜石切り職人の姿

4-5

帝国ホテルをつくった石工たちの誇り

大谷石の石切り場

関東北部に大谷石の産地で知られている「大谷町」がある[fig.4-9]。私の父親はそこで一時期、石切り職人をしていた。1955年頃まではツルハシを使った手掘りで石を切り出していた[fig.4-10]。

石を産出した後には、大きな「ネガ空間」ができる。その石切り場はまさに引き算でつくられた空間である。そのようなところで幼少期を過ごした私は、こうした「ネガ空間」の中で過ごすことにあまり抵

fig.4-9｜大谷の原風景・摺白岩

fig.4-11｜石切り場と木製のクレーン

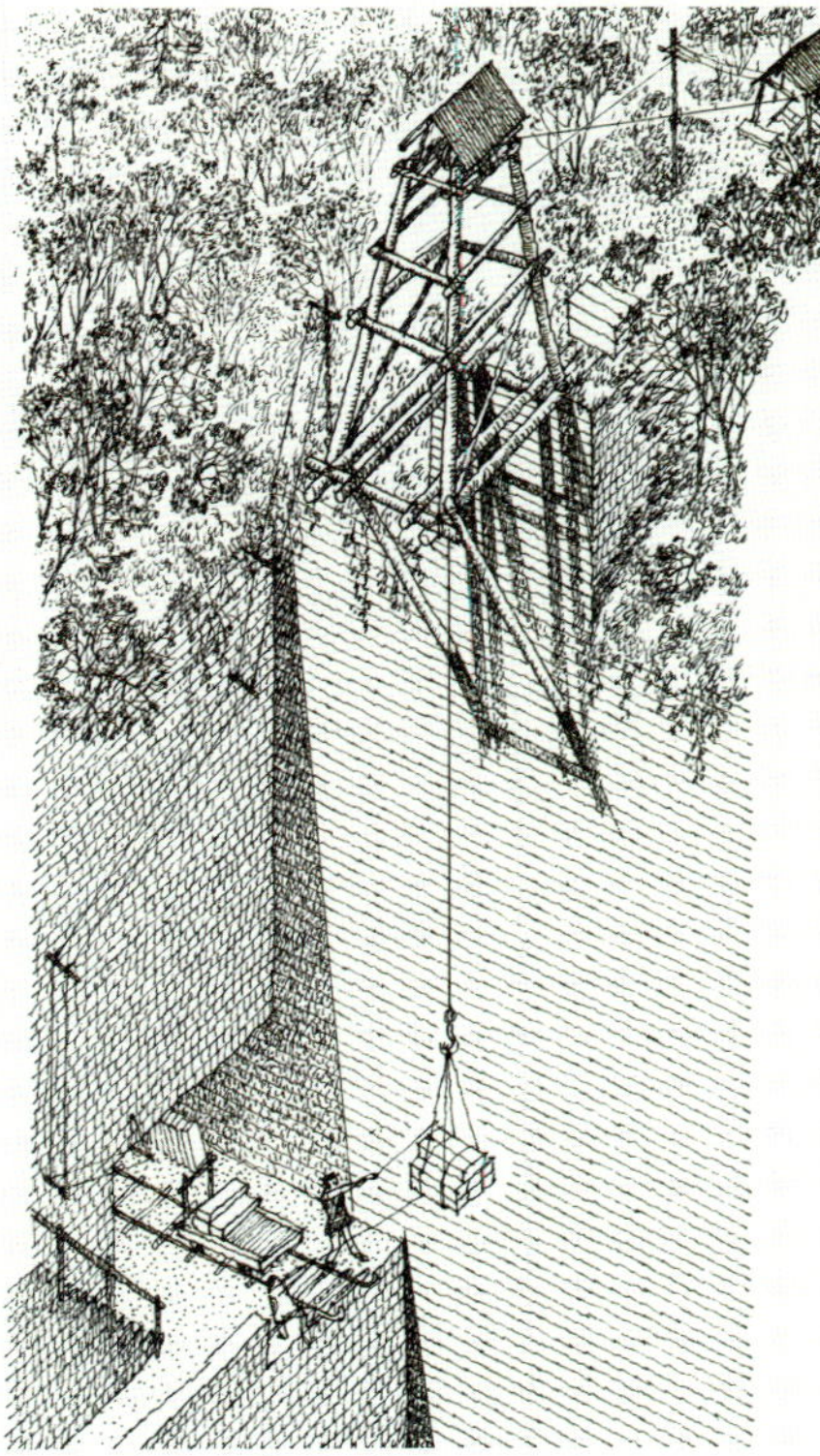

抗を感じない。むしろ落ち着くのである。

子供の頃、猛暑や極寒の時などはこの父親の仕事場の方が気候的に居心地がよかったから、深い地下を下りて遊びに行った。いま、思い返せば危険の多い遊び場であったが、それが子供にとって好奇心と冒険心をくすぐる魅力的な場所であった[fig.4-11_13]。

大谷石は、その昔、海底噴火による火山灰が海中で固まった凝灰岩である。凝灰岩がいくら柔らかい石とはいえ、ツルハシで溝を掘り、長方体の石材を切り出す仕事は並みの労働ではない。一日、地下に潜って働いてやっと家族五人が食べていける程度の収入しか得られなかった。また、クレーンの設備のない石切り場では、石材の搬出はすべて人力で行っていた。屈強な男が石を背負って運び出し、石屑を担ぎ出すのは女性の仕事で

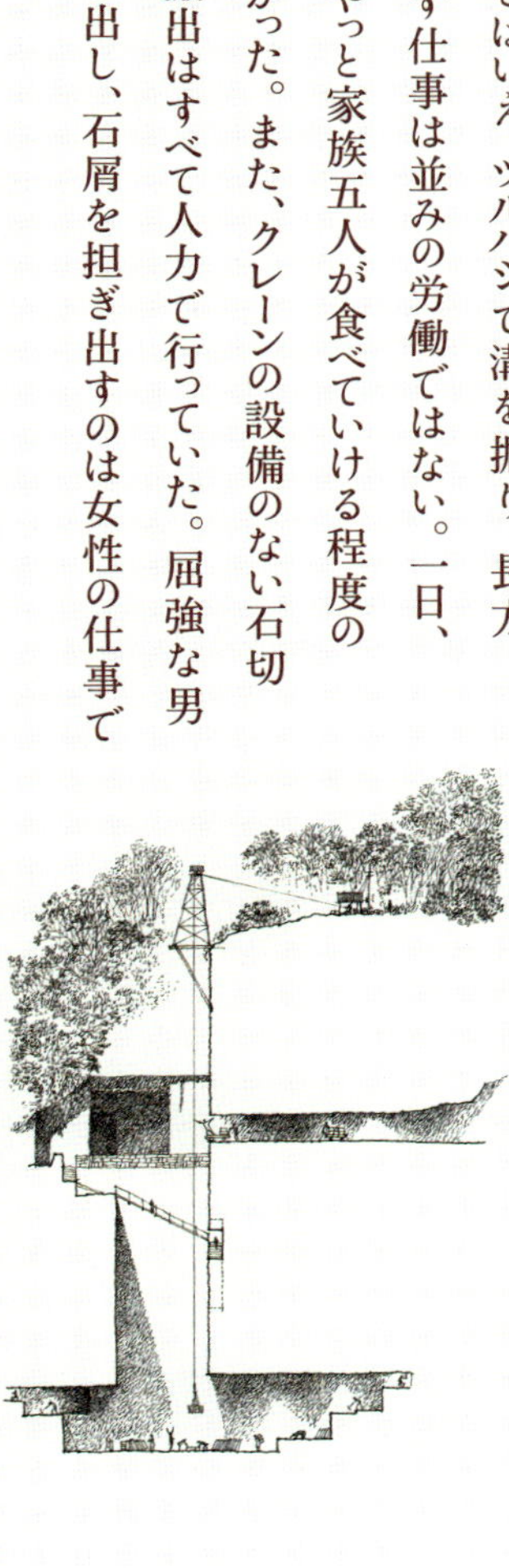

fig.4-12｜大谷採石場断面図

fig.4-14｜石の運び出し

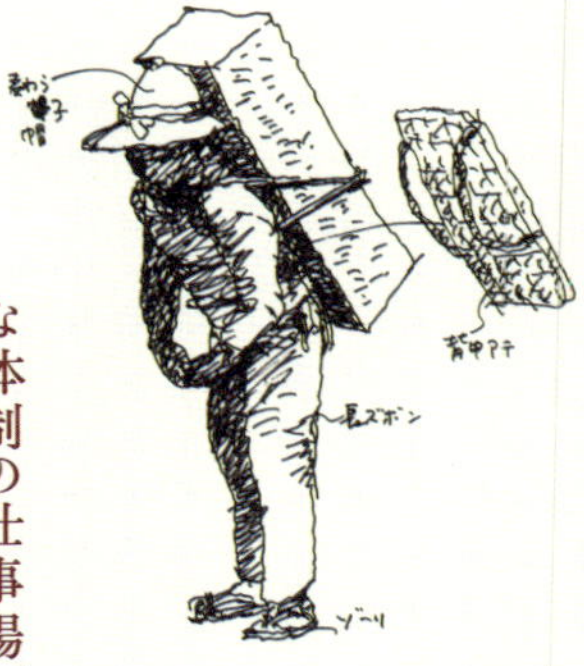

あった[fig.4-14]。

　こうした石切り場は「親方」という経営者が頂点にいて、その下に多くの石切り職人が働いているという封建的な体制の仕事場であった[fig.4-15]。職人たちは借金を背負い、一生そこで働くことが多かった。子供たちは親の仕事を手伝ううちに、自然と石切り職人になるケースがほとんどであったが、子供は別の道を歩んでほしいと願う親も少なくなかった。

　石切り職人といっても、技術によっていくつかに分かれていたが、切り出してきた石を決まった寸法に成形する職人を「仕上げ職人」という。また彼らの中には精緻な装飾を施す「飾り職人」といわれる高い技術を持った職人（石工）たちがいた。

fig.4-15｜大谷瓦作・屋根をかけた石切場と親方と職人の家

fig.4-13｜大谷採石場の断面

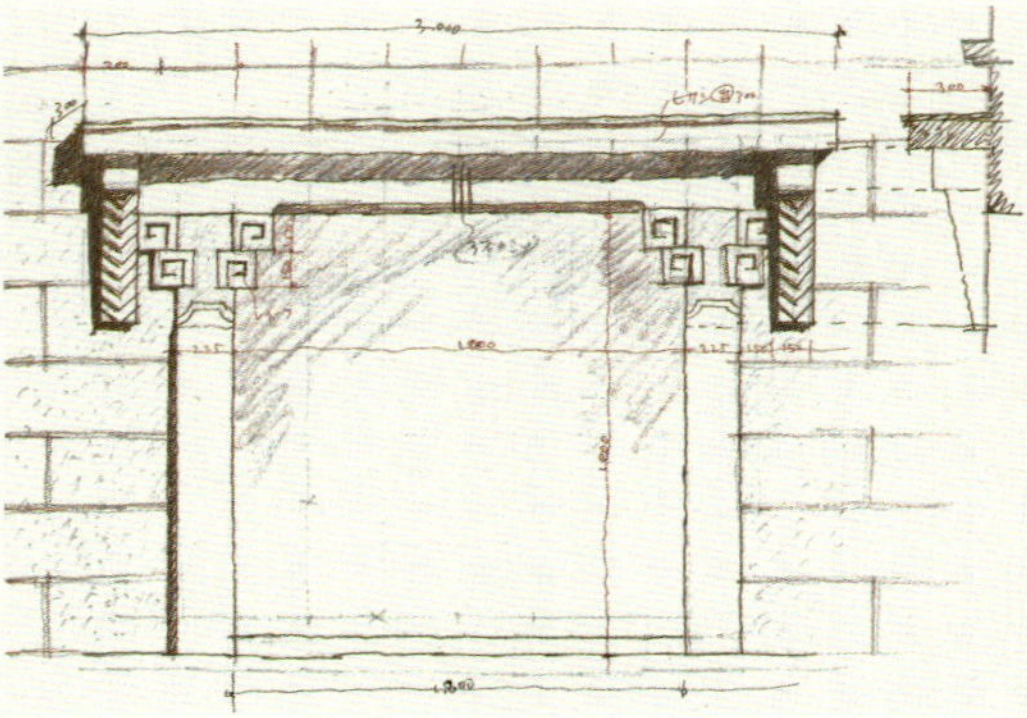

fig.4-16｜石倉入口のアールデコの装飾

帝国ホテルとフランク・ロイド・ライト

近代建築の巨匠といわれるフランク・ロイド・ライトが「帝国ホテル」を設計したことはよく知られている。その「帝国ホテル」を見ると、大谷石で見事な装飾が施されていることに驚かされる。これらの仕事を残したのは大谷の高い技術を持った石工たちであった。

ライトの話として、次のようなことが伝えられている。

大谷の石工たちは、はじめて外国の建築家のもとで仕事をすることになった。そして、ライトが想い描いたアールデコ調の装飾をよく理解し、ライトの想像していた以上に素晴らしい仕事をやってのけた。この仕事ぶりを見て、ライトは大谷の石工たちの技術の高さと彼らの器用さに感銘を受けたという。ライトはこうした石工たちの能力を尊重し、彼らの意見に耳を傾けながら仕事を進めていった。建設工事途中に、通常基礎石や擁壁に使う粗悪な大谷石を、西欧の貴賓を招く建物に使うことに非難が集中したが、ライトは確固たる姿勢でそれらの意見をはねのけた。そうしたライトの姿は大谷の石工たちの仕事に対する情熱を掻き立てたに違いない。

こうしてできあがったライトの「帝国ホテル」は、まぎれもなくライトの作品であることには間違いはないが、大谷の優れた石工たちがいなければ、このような歴史に残る傑作にはならなかっただろう[fig.4-16]。

そして、ホテルの竣工時には、ライト自身の口から大谷の石工たちに温かい労いの言葉があったはずである。深く暗い空間の中で過酷な労働を強いられてきた彼らが、自分たちの仕事が日の目を見たことによって、どんなに報われ、そして誇りを持てただろうと思う。

「帝国ホテル」は、日本の伝統や文化を生かした建築としても高い評価を得ている。西洋の様式をただ異国の地に自分たちの技術でつくってしまうような、お仕着せの仕事をしなかったことがライトが高く評価されている一つの理由である。

「帝国ホテル」が完成した1922年以降、大谷近郊にさまざまな石造りの建築がつくられた。それまでは鶴や亀、松竹梅などのモチーフの装飾が多かったが、「帝国ホテル」の仕事から帰ってきた石工たちは、ライトから学んだアールデコの装飾を施すようになった。その装飾を見るたびに、「帝国ホテル」の仕事が石工たちにどれほど誇りと喜びをもたらしたか想像できる[fig.4-17]。

優れた建築家とは優れた作品を残すだけでなく、それに携わった人たちを育てるということが大谷の石工を見ていると、よく理解できる。

fig.4-17｜石を削り、作業する石工たち

39
40
41
46
45
44
43
49
48
47
42

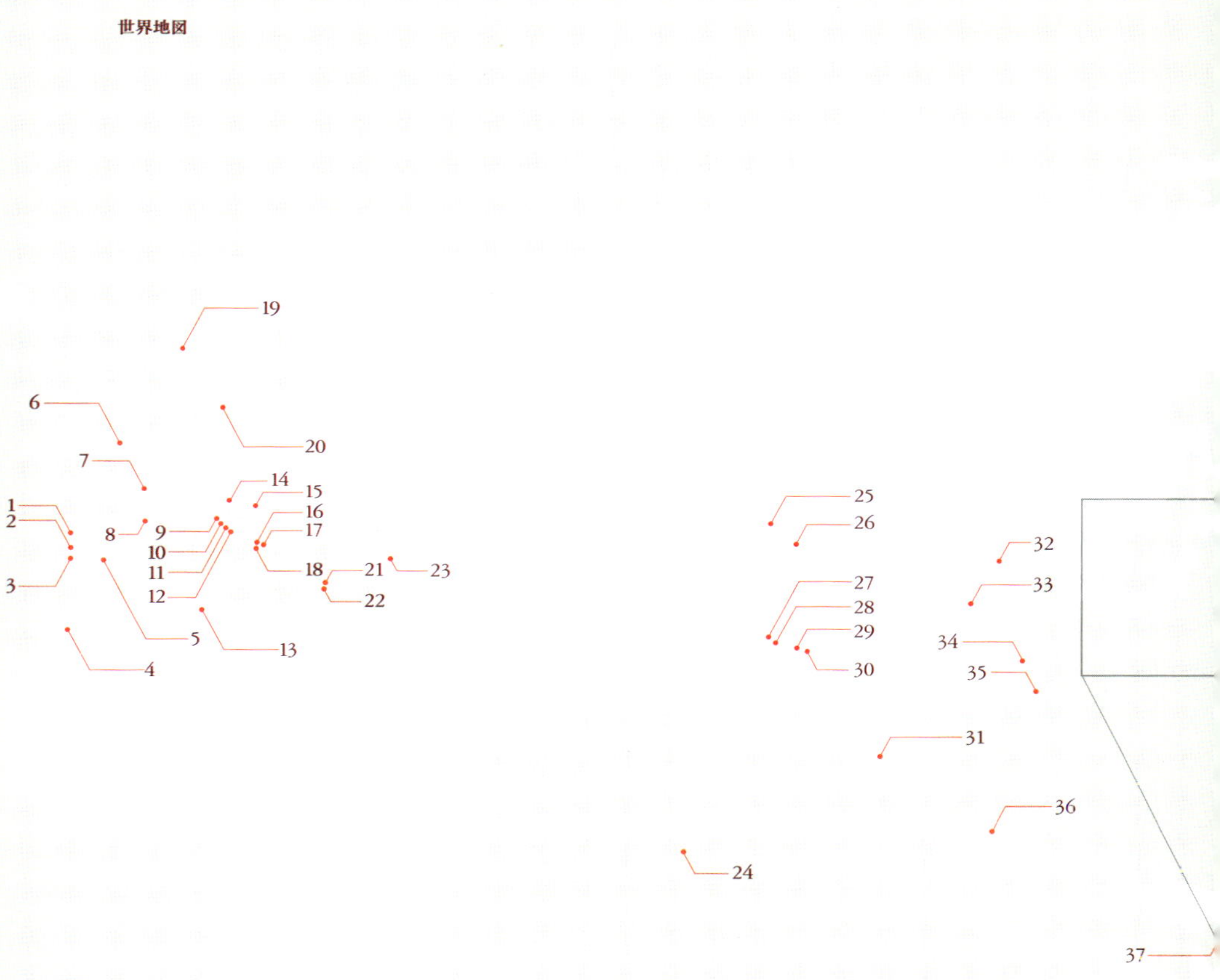

1 アヴェイロ
2 モンサント
3 リスボン
4 マラケシュ
5 トレド
6 コッツウオルズ
7 コランジュ・ラ・ルージュ
8 カルカソンヌ
9 シエナ
10 サン・ジミニアーノ
11 チビタ・ディ・バーニョレッジィヨ
12 サンタンジェロ
13 マトマタ
14 ヴェニス・ブラーノ島
15 ドブロブニク
16 アルベロベッロ
17 レッチェ
18 マテーラ
19 ベルゲン
20 コペンハーゲン
21 ミコノス島
22 サントリーニ島
23 カッパドキア
24 モルジブ(水上コテージ)
25 ウルムチ
26 トルファン
27 カトマンドゥ
28 バドガオン
29 ディンプー
30 ポプジカ谷
31 タイ(高床住居&ロングハウス)
32 四合院
33 西安
34 福建省
35 卑南
36 ブルネイ(水上住居)
37 パプアニューギニア(樹上住宅)
38 サウスヤラ
39 マービスタ
40 サンタフェ
41 キュラソー・ウィレムスタッド
42 沖縄
43 稗田
44 馬籠峠宿
45 白川郷
46 砺波
47 田園調布
48 大谷町
49 大内宿

あとがき

旅はさまざまなことを教えてくれる。私たちとは異なる価値観があることも、そうした価値観が生まれてきた理由も教えてくれた。

―

住み心地のよい住まいとは、周囲の環境が美しくなければならないことや、伝統や文化などがいかに不可欠なものであるかを教えてくれた。それらを記したつもりだが拙い文章とスケッチでは十分ではなかったと思う。お許しいただきたい。

―

この著書は、多くの人々にお力添えをいただいた。特に、編集を担当していただいた三井渉さん、刈谷悠三さんには美しいレイアウトと装丁に尽力をいただいた。この紙面を借りて感謝する次第である。

―　―

2013年8月末日
中山繁信